궁극의
전쟁사 戰

임진왜란
바다전쟁 1

궁극의
전쟁사

임진왜란
바다전쟁 1

이순신과 작은 거인들

글·그림 성주삼

작가의 말

우리는 남쪽에 까다로운 이웃을 두었다. 지정학적 숙명처럼 땅의 길에서는 한반도가, 바다의 길에서는 일본이 신문명의 접목에서 서로를 앞서 나갔다. 그리고 그 과도기, 조선이 과소평가하던 일본은 두 번이나 한반도를 갈기갈기 찢었다. 오늘날까지 그 영향이 유효하다는 사실은 놀랄 일이 아니다. 분단국가라는 현실을 잊고 사는 데 익숙해져 버렸을 뿐.

임진왜란은 한반도 역사상 가장 참혹한 전쟁이었다. 부산을 시작으로 함경도 끝까지 일본군에게 무너졌으며, 장장 7년을 끌며 조선 땅은 초토화되었다.

조·명·일 삼국 간의 유례없는 대규모 전면전이 한반도에서 벌어졌으니 얼마나 많은 조선 백성들이 죽고 생존자들의 삶이 무너졌을지 지금으로서는 감히 상상할 수 없다.

혹자는 임진왜란을 막을 수 있었던 전쟁이라고 하고, 다른 이는 일어날 수밖에 없었던 전쟁이었다고 한다. 그 타협점은 우리 모두가 공부하며 찾아야 할 것이다. 다만, 가해자에 이입해 피해자인 우리 스스로를 조롱하는 일만은 피해 주길 바란다.

나는 현장감을 최대한 고려해 임진왜란 기간 이순신의 승리, 아니 조선 수군의 승리를 그려 내고자 한다. 하지만 승리한 전투만을 자랑스럽게 그린다면, 이를 악물고 긴 전란을 겪어 낸 선조들께 실례가 될 것이다. 따라서 때로는 전란의 현장에 마음을 깊이 담아 들어가 볼 것이며, 또 전란을 전체적으로 조망할 때는 저 바깥으로 나가 관찰하고 그려 낼 것이다. 그게 내가 이 주제에 대해 취해야 할 자세라고 믿기 때문이다.

성주삼

차례

작가의 말 5

1장   전쟁 전야 9

2장   동아시아 삼국의 사정 47

3장   조선과 일본의 전쟁 준비 65

4장   전선과 전술 81

5장   조선 수군의 계획 103

6장   개전 121

7장   전라 수군 출정 167

1장

전쟁 전야

저벅

다담아!

힐끗

청어 말리냐?

니가 고거 맛나게
졸이재이~

종말이 아재
오셨어라?

아야, 아재가
뭐다냐!

크크크

장가도 안 간
총각한테
너 자꾸 왜 그냐!

도봉이 녀석은
아직까정 자뿔고?

야~ 푹 꺼진 것이
문어마냥
흐느적 흐느적~

삶은 채소보다
물러 보인당께요.

훈련이 그러코롬 되다요?

어디 그냥 되다 뿐이냐. 생사람 잡겄다야.

다담이 너 음식도 잘하는데 수영(水營)에서 일할 생각 없냐?

반비(취사 노비)들 요즘 영 성의가 없어.

가냘픈 처자에게 뭔 된소리다요.

사내들 쉰내 생각만 해도 끔찍허요.

됐고. 쉰내 나는 니 오라비나 깨워라.

야~

일어나! 웬수야!

더 자면 아침밥 없응께~!

아따 갸냘픈 거시 장군감이고마.

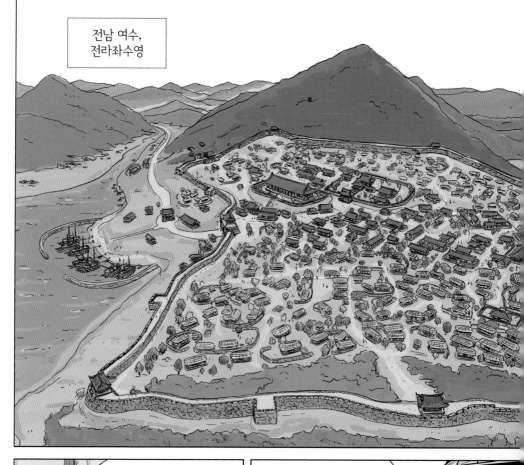

전남 여수,
전라좌수영

삭신이 허벌나게
쑤시는구마.

전생에 뭔 죄를 그리
지었길래 바닷가에 태어나서
이 고생인지 모르겠소.

옘병~ 누가 들으면
니 혼자 수군인 줄
알겄다.

형님은
포군이니 그라죠.
우리 격군은 죽어난다
안 히요.

찾았어~!

찾았다아!~

타 다 다 다

후닥

쩌그 나 군관 나리 아니요?

저 양반은 참 체통도 엔간히 없어.

나리! 나 군관 나리!

바쁜께 인사는 나중에 혀라!

아니, 고거시 아니라요~!

타 탁 탁

혹시 수사 영감
뵈러 가능가요?

글지.

반비들 앞에서
몸 자랑하러 가시는 줄
알았고만이라.

쪼까 민망해 버려요.

아차차!

후다닥

정말 워쩌케
무과에 합격했을까나.

또
밤새워 부렀나
보네.

저 양반만 보면
양반 피가 따로 있는 건
아닌 것 같어.

저 양반이 밤새워 부린 다음은
십중팔구, 전선(판옥선)의
건조나 개삭이지?

조선장의
곡소리가 들리네에~
도봉이 고생 좀
하겠다야~

아⋯ 아⋯
또 삭신이 쑤신다.

이제는 수사 영감 얼굴이
지옥 나찰로 보인당께요.

툭툭

어떻습니까요,
좌수사 영감?

군관 나대용

전라좌수사
이순신

경장 영감께선
어떻습니까?

음…

경장
정걸

나대용. 수사 영감이
나에게 물으신 건,

자네가 들고 온 게
썩 맘에 들지
않으셨단 게야.

경장 영감.
어째서입니까요?

나 군관. 총통의 반동은
자네도 알잖는가.

격군과 포군 사이가
이 간격이라면…

총통을 사용하는 동안은
격군이 노를 놓은 채
비켜 줘야만 하네.

격전 중 노를 젓지 못해서야
돌격선이 제 임무를 한다고
할 수 없지.

그럼 격군을
1층에 배치하는 것은
어떻습니까?

물자를 전선(戰船, 판옥선)이나
협선(부속선)에서 보급받는다면
1층을 활용할 수 있지 않겠습니까?

불가합니다.

노가 바다에 깊이 박히면
물살의 저항이 커져서
격군들이 견디지 못합니다.

아무리 소나무를 써도
노 또한 부러질 겁니다.

그럼 판옥선처럼
큰 도(櫂)를 쓰지 말고
나래노로 교체하면
어떻습니까?

도   나래노

전선을 만든다는 자가 그런 모자란 말을 하다니.

나래노엔 격군이 한 명밖에 못 붙어. 총 스물도 안 되는 격군으로 해류를 거스를 수 있겠나?

그럼 격군과 포군의 간격을 넓히는 건 어떻습니까?

그렇게 하려면 도 하나당 격군 넷을 두고, 앞뒤로 둘씩 교대할 수 있는 공간이 필요합니다.

결국 총통의 수, 격군의 수를 줄이든가, 아니면 전선의 크기를 키워야 합니다. 그 어느 쪽도 돌격선의 위력을 높일 수 없습니다.

그럼 층을 하나 더 넣어 보면요?

2층에는 격군, 3층에는 포군이 들어가는 거죠.

바다 위에 탑이라도 쌓을 생각인가? 3층 구조 위에 다시 지붕이라니.

내가 40년 가까이 전선을 다루면서 그런 균형은 본 적이 없네.

물살이 거센 곳에서는 필시 배가 뒤집힐 거야.

게다가 전투 중 선회할 때도 기울다가 결국 좌초될 걸세.
한 방향에서 일시에 총통을 발사할 때의 충격도 영향을 줄 수 있어.

복원력 없는 3층 지붕 형태는 용인할 수 없네.

하지만…

2층… 3층…

나대용.
사람을 더 붙여 줄 테니 형태에 구애 받지 말고 계속 개량해 보게.

나는 진짜 돌격선을 원하네.

예! 좌수사 영감!

이해해 주시지요,
경장 영감.

저는 돌격선의 전투 능력을
최대한 뽑아 보고 싶습니다.

적합지 않다고 판단되면,
그땐 전선으로
개조하시는 겁니다.

나대용. 돌격선의 돛대를
접을 수 있으면 하네.

돛대요?

새로 건조한
수영 전선처럼 말입니까?

언제나 화공의 표적이 되는 것이
돛폭 아닌가.

근접해서 싸울 때는
돛폭을 숨기는 것이
중요하지.

이 돌격선은 지붕이 있는 배입니다.
구조상 돛대를 접는 것은
어렵지 않을까요?

어차피 아딧줄을 조종하려면
지붕 중간에 길을 만들어야 하니

길을 넓혀 만들어
돛폭을 접어 숨기고

그 위에 돛대를 눕히는
형태로 가는 걸세.

당장 돌아가서 수치를
계산해 보겠습니다.

가능할 것
같습니다.

나대용. 돌아가는 길에
반비에게 일러 주게.

오후 참의 공궤(음식 보급)는
볶은 쌀 반 되씩 600명분으로 한다고.

볶은 쌀요?

오늘 혹시
불시 수조(水操, 해상 훈련)를
하시는 겁니까?

지난번처럼 병사들에게
새어 나가게 하면…
책임을 묻겠네.

예…

덜컥

훈련, 점검, 훈련, 점검…

진짜로 전란이 일어난다고
생각하시는 건가?

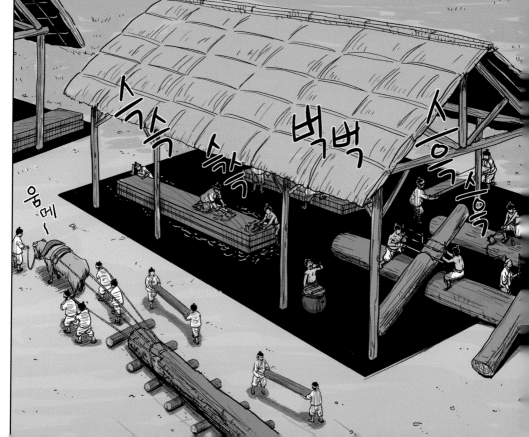

으따, 이놈아!

쐐기가 한번 자리 잡으면
나눠 박지 말라 했냐, 안 했냐!

톡톡 자리 잡고
탁탁!

아차차, 지송하고만이라.

고착할 때 그렇게 잘게 망치질을 허면 낭중에 쐐기가 헐거워져서 가새 틈까정 벌어진당께.

느그 동료들 다 물귀신 만들고 잡냐?

그럼 박(결을 메우는 재료)을 쓰지라.

함 더 봐주셔요. 지는 원래 격군이 아니어라, 익숙지가 않응께.

아주 지랄헌다. 애시당초 뽈딱지게 맹글믄 두 번 고생 안 하잖여.

놔둬! 내가 박을랑께.

도봉이 저거저거, 노 잡느라 힘만 세지. 아주 맹탕이여.

숭늉보다 싱겁지.

낄 낄 낄

크크

얼마냐?

14개 하고!
2개 하고!
3개고만이어라!

저판(底板)이 장 64척 3촌에…

아홉 장 하고…

밑삼(배 밑 겉판) 재료에는
연기 충분히 먹이라니까.
이거 봐라, 이거.

군관 나리!
요것은 어디에
쌓아 둔다요?

대충 그을려서
가져왔구먼.

음… 상갑판 두광(頭廣)에 쓸 재료로구나.

저기 저쪽 곡목장 위에 쌓아 두거라.

예, 나리.

아따 스님들 염불 안 외고 멧돼지 사냥만 다녔구마.

힘 좋다~! 씨름판 오르면 황소 한 마리는 거뜬하겠어.

두광재(材)가 넉 장…

어?

나리? 조선장에 갑옷은 왜 챙겨 나오셨어라?

알 거 없다.

나대용. 어찌 일은
잘 되어 가?

아, 희립이 형!

군관 송희립

몇 척이나 건졌나?
개삭으로 되겠어?

말도 마쇼. 다섯 척은 건조한 지
십 년이 넘어서 거진 수명도 다했고,
외판, 저판에 나무 못도 벌어져서
보수는 힘들 것 같수.

총통 몇 번 쏘면
벌어져서 침수할 수도
있어요.

수사 영감 워낙 꼼꼼하셔서
통(通)을 받는 게
여간 쉬운 일이 아녀요.

꼼꼼한 건 나대용 니도
마찬가지지.

형님. 온 김에
손 좀 보태고 가쇼.

안 돼. 급하게
가던 길이었어.

수사 영감이
급히 부르신다고…

…

?

나리. 일허다 말고 갑자기
고 갑옷은 머 땀시
입으신다요?

….

탐망 다녀온 송 권관 나리를
급히 부르신 걸 보니…

설마… 또?

오메~ 수조다!

갑옷, 갑옷!

퍼
버
벙
퍼벙

다시!

심!

권관 이언량

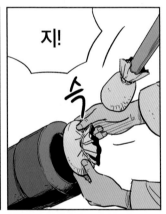

?

대전!

멍충아!
그건 황자총통에 쓰는 거고!
대전! 장군전!

빨랑빨랑 안 해!
그사이 적의 화살이 너희들
목에 박힌다아~~~

후다닥

화!

척

으따, 이번 것은
시원하게 박혀
버리는구마!

여기까지 오는 데
소비한 화약이 얼마인 줄 아냐?

이제서야 겨우
포군 1인분씩 하는구면.

밥을 먹어야 똥이 나오죠.
시상에 거저 되는 게 있간디요.

이언량 권관 나리.

반절은 과녁을
꿴 거 같은디.
이 정도면 만점 아녀요?

흰소리 말고 가서 대전 회수해 와.

나머지는 엎어진 총통 정리하고.

예예.

엥? 시방 이것은?

난데없이 수조라니요? 권관 나리도 몰랐어라?

뭐 하나, 이것들아! 어서 총통 다 챙겨서 이동!

수조 신호?!

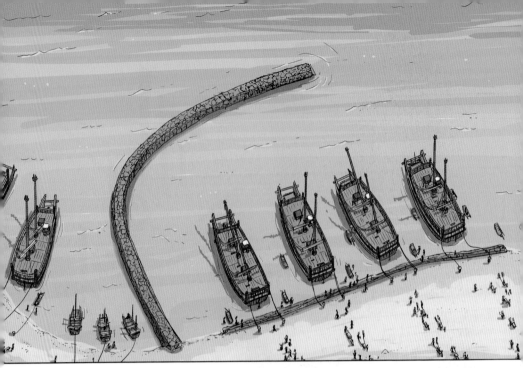

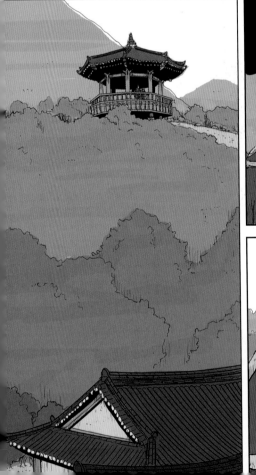

경장 영감.

예, 좌수사 영감.

왜적들과 근접전으로 맞설 때
가장 좋은 방법은 뭐겠습니까?

...

근접전에서는
왜적 한 명에 열은 붙이셔야
겨우 맞설 수 있을 겁니다.

저라면 근접전이나
접현전(接舷戰, 갑판을 맞대고
싸우는 것)은 피할 겁니다.

하나를 상대하는 데 열 명이라 하셨습니까?

을묘년의 체감이 그러했답니다.

을묘왜변은 왜구의 수가 1만에 이르렀다고…

달량포에서 맞선 왜선은 70여 척이었지만, 그들이 모두 왜적은 아니었습니다.

해금(海禁)을 피해서 밀무역을 하는 명과 왜의 상인이 다수였지요.

방어 체계가 무기력하게 뚫렸다는 충격이 만들어 낸 과장된 숫자입니다.

하지만 왜구는 하나하나가 싸움에 숙련된 자입니다.

왜적의 날카로운 칼과 긴 창은 조선군이 감당하기에 매우 버거웠습니다.

그들은 복건성에서 삼안총 (포신 세 개를 겹쳐 만든 포)까지 가져다 사용하고 있었습니다.

적의 잔인함에 한번 기세가 꺾이면 군심은 스스로 공포에 잡아먹힐 겁니다.

군대가 안에서 무너지는 것은 역병보다 무섭지요.

장수의 경험 부족은 지혜로 가릴 수 있지만, 병사의 경험은 대체할 것이 없습니다.

그래서 총통 사격도 견뎌 낼 크고 튼튼한 전선 개조에 속도를 낸 것입니다.

적의 칼이 접근하기 전에 패퇴시켜야 합니다.

총통의 사거리가 닿을 수 있는 거리, 적선의 200보 전후를 목표로 삼으십시오.

적병에게는 150보 안에서 조란환(철제 탄환)과 피령전(황자총통에 사용하던 화살)을 이용해 타격을 입히는 게 좋습니다.

하지만 넓은 바다 위에서 원거리 사격만 해서는 적선을 맞힐 확률이 너무 떨어지지 않겠습니까.

왜적들이 그토록
싸움에 능숙하다면 더더욱
땅에 오르게 할 수 없습니다.

90보 안에서의 싸움도
준비하겠습니다.

진심이십니까, 이 수사?

그렇다면 이 늙은이…
혼신의 기력을 다해 도울밖에요.

2장

동아시아 삼국의 사정

조선의 상황

15세기, 10대 임금 연산군의 폭정이 계속되자

좋아. 오늘도 흥청이다!

하교만 내리시옵소서.

1506년 성희안, 박원종 등이 주축이 되어 반정을 일으켰다.

반정으로 연산군은 폐위됐고

진성대군(중종)이 11대 임금으로 즉위했다.

19세에 반정공신들에 의해 자의 반 타의 반으로 추대되어 정통성과 입지가 늘 불안했던 중종.

전하. 아니 되옵니다!

그는 점차 반정공신들의 영향력에서 벗어나 친정 체제를 강화하고자 하였다.

그가 칼로 이용한 세력이 조광조와 신진 사림이었다.

하지만 훈구 세력을 견제하던 조광조와 신진 사림의 힘이 점차 비대해지자,

중종의 믿음에도 균열이 가기 시작했다.

결국 중종의 묵인 또는 주도하에 조광조 등은 기묘사화로 곧 숙청됐고

조정은 훈구파 내의 권력 다툼으로 다시 혼란에 빠졌다.

중종이 죽고 인종이 12대 왕으로 등극했는데, 즉위 8개월 만에 사망했다.

이 과정에서 중종의 제1계비인 장경왕후의 오빠 윤임, 제2계비인 문정왕후와 그녀의 형제 윤원로, 윤원형 등이 서로 계속 외척 간 권력 다툼(을사사화)을 벌였다.

결국 13대 명종이 12세의 나이로 왕위에 오르자 수렴청정 시대가 열렸고, 문정왕후와 윤형원이 최후 승자가 되어 무소불위의 권력을 행사하고 갖은 횡포를 일삼았다.

그사이 남북 국경에서는 외환이 계속되었는데, 1501년 삼포왜란*,

1512~1524년 지속된 여진족의 침입, 1522년 동래 염전의 왜변,

1525년 전라도 왜변, 1544년 사량진 왜변 등이 잇달았다.

1559년 황해도와 경기도 일대에서는 백정 출신 임꺽정이 난을 일으켰고

그보다 앞선 1555년에는 왜구 7,000여 명이 전라남도 연안을 침략한 을묘왜변이 발생했다. 을묘왜변을 계기로 전시에만 설치되던 비변사가 상시기구로 자리를 잡기도 했다.

진도
해남
완도

* 연산군 시기 국가 재정 파탄으로 삼포(부산포, 내이포, 염포)의 항거왜(조선에 거주하는 일본인)의 통제가 무너져 무정부 상태가 되자, 중종 때 규제를 강화했다. 이에 쓰시마도주의 아들 종성홍(宗盛弘) 등이 주도하여 왜구 5,000여 명이 난을 일으켜 제포첨사 김세균을 포로로 잡고, 부산포첨사 이우증의 목을 베어 쓰시마로 보냈다. 이후 조선군은 두 번의 전면전으로 쓰시마 세력을 몰아냈다. 경오왜변이라고도 한다.

1567년 명종이 후사 없이 사망하자, 방계인
덕흥대원군(중종의 일곱째 아들)의
셋째 아들이 16세의 나이로 왕위를 계승했다.

그가 바로 조선 14대 임금 선조다.

선조는 권력과 부를 독점하던 훈구 세력을
누르고 사림 세력을 대거 등용했다.

기묘사화 때 죽은 조광조의 신원을 회복하고,
그를 무고했던 남곤의 관직을 추탈했으며,
을사사화를 주도한 윤원형 등을 삭훈했다.

조정의 권력 교체기였음에도
선조 초기 정국은 안정적이었고
문화는 융성했다.

이 시기 퇴계 이황, 남명 조식, 율곡 이이,
우계 성혼, 고봉 기대승 등 대유학자들에 의해
성리학의 논의와 발전이 꽃을 피웠다.*

* 후에 이황의 제자인 류성룡과 김성일은 외교와 정치를 통해, 조식의 문하인 정인홍과 곽재우, 김면 등 50여 명과 성혼의 문하인 조헌, 김덕령, 안방준,
강항 등, 기대승의 제자인 고경명, 최경회 등은 의병을 일으켜 임진왜란 극복에 큰 기여를 한다.

1575년에 이르러 김효원과 심의겸의 이조정랑 자리가 발단이 되어 사림은 동인과 서인으로 나눠졌는데

두 붕당의 반목은 시간이 흐를수록 심해졌다.

1589년 10월, 황해도관찰사 한준 등이 정여립의 역모 정황을 고변하면서 기축옥사가 발발, 조정의 다수파였던 동인이 대거 몰락했다.

한편 북방에서는 1583년 이탕개가 중심이 된 여진족이 함경도 6진에서 반란을 일으켜 경원부가 함락되는 일이 벌어졌다.

난의 수습 후 이이는 6진의 군마 수급과 병역 면제에 대한 보고를 누락했다는 이유로 동인의 공격을 받아 탄핵당했다.

병조판서 이이의 관할하에 온성부사 신립, 훈융진첨사 신상절, 경원부사 이일 등이 활약해 여진족을 물리쳤다.*

* 이탕개의 난 때 초기 대응을 제대로 하지 못한 점이 문제가 되어, 기존 군사 체제인 진관 체제를 제승방략 체제로 전환했다.

명의 상황

강성하던 명나라가 본격적으로
하락기에 접어든 시기는
11대 가정제(명 세종)에 이르러서였다.

46년간(1521~1567년)이나 재위했던 가정제는
부패한 환관을 정리하는 등 집권 초반에는
개혁 정책을 시행했으나 이는 오래가지 못했다.

가정제 통치 시기에 명은 밖으로는 북로남왜(여진, 몽골, 타타르, 일본)의 침입과 안으로는
끊임없는 민란에 시달렸고, 조정은 군신 간의 알력 싸움으로 흔들렸다.

가정제는 차츰 정사를 멀리하고
불로불사의 약에 빠져 궁중에 도교 사원인
초도사를 세우고 도사를 벼슬에 중용,
정무를 도교의 방술로 정하는 등 엉뚱한 곳에
관심을 쏟고 있었다.

가정제는 임인궁변* 이후 간신 엄숭에게
권력을 넘기고 20년 동안 정사에서
손을 놓고 있다가

정체불명의 단약을 먹고 사망했다.

* 학대를 견디지 못한 궁녀 16명이 가정제가 술에 취한 틈을 타 목을 졸라 죽이려고 했던 사건.

1567년 가정제가 사망하고 셋째 아들 유왕 주재기가 황위에 올랐다.
그가 12대 융경제(목종)이다.

융경제는 주색과 향락에 빠져 즉위 6년 만에 사망했는데

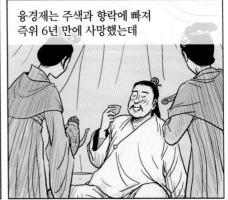

죽기 5개월 전 자신의 스승이었던 장거정을 수보대학사로 승진시켜 대리청정을 맡겼다.

이 시기 명의 군사비 지출은 5배 이상 폭발적으로 증가했다.

1572년 융경제의 셋째 아들 주익균이 13대 황제 만력제(신종)로 즉위했다.

만력제의 즉위 당시 나이는 겨우 10세였기에, 초기에는 대부분의 권력을 장거정이 행사했다.

장거정은 서원을 철폐하고
사대부의 언로를 막아 독재의 기틀을
만든 후 개혁을 단행했다.

탈세를 막기 위해 명나라 전역의 토지를
측량했고, 토지를 중심으로 요역과 세금을
은으로 일원화해(일조편법) 나라 재정을
안정시켰다.

명 내부의 은 소비가 폭증하자, 이와미 은산 등 은광 개발이 이루어진 일본에서 밀수입되는 경우가
많았다. 16세기 후반 명나라로 수입된 은은 2,300톤이었고 이 중 1,300톤이 일본산이었다.*

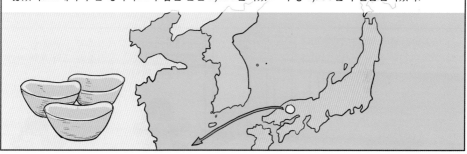

국방은 요동총병 이성량의 북병과
복건총병 척계광의 남병을 중심으로
기반을 다졌다. 이 둘은 임진왜란과 병자호란에
이르기까지 조선에 직간접적인 영향을 미쳤다.

척계광의 저서인 《기효신서》는
남병의 대왜구 전술로 유명했고

* 이때 왜구는 단순 약탈만이 아니라 은의 밀거래도 주도했다. 2위는 필리핀을 통해 명에 수입된 남미산 은.

그의 다른 저서인《연병실기》는 불랑기포 전차를 활용하는 등 북방에서도 활용할 수 있는 전술서였다.

명의 전통 주력인 북병과 추가된 남병은 서로 성격이 매우 달랐다. 이는 임진왜란 참전 때에도 전투 효율, 군기, 조선 백성을 대하는 태도에서 드러났는데 이는 후에 또 얘기하겠다.

그러나 만력제의 까다롭고 혹독한 스승 장거정이 사망한 1582년 문제가 시작되었다.

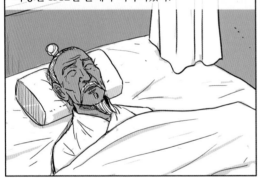

반대파에 의해 장거정의 부정부패가 드러나면서 죽은 장거정과 그의 개혁 정책들은 탄핵당했고

그가 만든 관리 체제인 고성법 또한 폐지되었다.

근무평가

이 과정에서 환관의 정치력이 막강해지면서 대신과 환관의 대립이 심화되었다.

스승을 부정당하고 친정을 시작한 만력제는 결국 태만해지기 시작했다. 만력제는 한 달에 3일 정도만 정사를 돌봤고, 심지어는 몇 년 동안 대신들이 황제의 얼굴을 보지도 못했다고 한다.

국가 재정은 어려워지는데 만력제는 내탕, 즉 황제 개인 재산을 늘리는 일에만 몰두했다.

그 때문에 명은 임진왜란 동안 유격장군 발배(보바이)가 난을 일으킨 영하의 역과

1594~1600년 사천, 귀주에서 일어난 파주선위사사 양응룡의 난 등 두 번의 큰 모반을 겪기도 했다.

이렇게 명은 3대에 걸쳐 정사를 돌보지 않는 황제가 등극하며 날로 쇠약해져 갔다.

일본의 상황

무로마치 막부 말기 1467년 오닌의 난과 1493년 메이오 정변을 거치면서 일본 천황과 쇼군의 권위는 함께 추락했다.

이 시기, 능력 있는 가신들(슈고 다이)이 영주(슈고 다이묘)를 무너뜨리는 하극상(게코쿠조)이 만연했다.

이렇게 막부에서 지명받은 슈고 다이묘들이 센고쿠 다이묘들로 대거 교체되면서 군웅할거의 시대인 센고쿠 시대가 열린다.

센고쿠 시대, 일본 전역에서 100년이 넘는 긴 시간 동안 다이묘들 간 전쟁이 끊임없이 일어났다.

센고쿠 시대의 다이묘들은 각자 자신의 영국(領國)에서 경쟁하듯 농업생산력 증가에 집중했는데

일본 전 국토의 농지가 오닌의 난 이전보다 2배 가까이 증가했다고도 한다.

또한 센고쿠 다이묘들의 치열한 상호 경쟁은 농업생산력 극대화뿐 아니라, 새로운 기술 도입, 서양 문물 도입, 전쟁 기술 향상, 운송로 정비 등을 촉진하며 상업도시의 발달도 가져왔다.

다이묘의 성을 거점으로 도시가 형성되는 조카마치,

항구도시인 미나토마치가 발달하기 시작했다.

다이묘와 상인들은 은, 도검, 노예를 팔아 포르투갈 상인에게 유럽 문물과 인도, 중국 등의 생산품을 경쟁적으로 수입했는데

그중에는 앞으로 전쟁의 형식을 완전히 바꿀 화승총(뎃뽀, 조총)이 있었다.

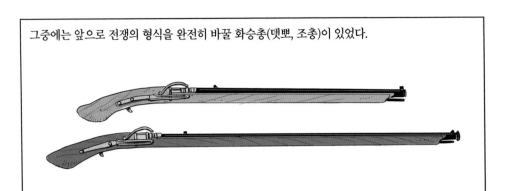

센고쿠 다이묘들의 힘의 균형에 큰 변화가 생긴 것은 중부의 오와리국 가신 오다 노부히데의 하극상이 발단이었다.

오와리국

노부히데의 장남 오다 노부나가가 다이묘로 성장해 유력 다이묘 이시가와 요시모토를 격파한 이후, 아시타카 요시아키를 쇼군으로 옹립하고 이를 통해 전국 통일의 기틀을 다졌다.*

1573년 오다 노부나가는 자신이 옹립한 마지막 쇼군까지 교토에서 축출하면서 250년 무로마치 시대에 마침표를 찍었다.

1575년에는 나가시노 전투에서 오다 노부나가 군대가 당시 최강의 기마군을 이끌던 다케다 가쓰요리(다케다 신겐의 아들) 부대를 다량의 화승총을 이용한 전법으로 쓰러뜨렸다.

* 오다 노부나가 가문의 군기 문양은 1408년 영락제 때 발행한 화폐인 영락통보다. 명의 경제적·군사적 위세를 가늠할 수 있는 증거다.

이렇게 마방책(간이 목책)을 이용한
조총병의 일제 연속 사격술은
센고쿠 다이묘 간의 다툼은 물론, 동아시아
전쟁의 흐름을 크게 바꾸었다.

긴 시간 이어진 기병 중심의 시대가 가고
보병의 시대가 다시 도래했고, 농민 중심의
장창병, 궁병, 조총병이 함께 부대를 구성했다.
이후 임진왜란을 계기로 궁병이 쇠퇴하고
본격적으로 조총 중심의 시대가 시작됐다.

한편 오다 노부나가 밑에는 하급무사 출신
(농민의 아들이라는 의견도 있다)의
기노시타 히데요시*라는 자가 있었다.

히데요시는 오다 가문에 의탁해 잡일을
하며 지내다가 차츰 두각을 나타내더니,

1570년 오다 노부나가를 궁지로
몰아넣은 가네가사키 전투에서
본격적으로 능력을 인정받기 시작했다.

이후 히데요시는 많은 전공을 거두고 1573년
오다니성 전투 후 오우미 북쪽 3개 군을 하사받아
하급무사에서 일약 영토 12만 석의 다이묘로
올라섰다.

북오우미

* 처음 언급된 성은 기노시타 도키치로. 이후 기노시타 히데요시, 하시바 히데요시를 거쳐 도요토미 히데요시로 개명했다.

승승장구하던 오다 노부나가는 1582년 혼노지의 변으로 측근인 아케치 마쓰히데에 의해 급작스럽게 사망했는데

다이묘 중 가장 빠르게 행동한 것이 히데요시였다.

오다 노부나가의 명으로 모리 가문과 전쟁 중이던 히데요시는 급히 화의를 맺고 회군했다.

히데요시는 서둘러 교토를 장악, 수도에 모여 있던 다이묘의 볼모들과 오다 가문의 군세를 흡수했다.

이후 1582년 야마자키 전투에서 아케치 마쓰히데를, 1583년 시즈가타케 전투에서 사바타 가쓰이에, 오다 노부타카를 차례로 제거했고,

이어 1584년 고마키-나가쿠테 전투, 1585년 시코쿠 정벌, 1587년 규슈 정벌, 1590년 오슈 평정을 끝으로 100년 넘게 이어진 센고쿠 시대를 끝내고 일본을 통일했다.

히데요시는 1585년 관백(關白)이 되어 도요토미라는 성을 가지게 됐고, 1591년 스스로 태합(太閤)에 올랐다.

이처럼 일본의 힘이 전례 없이 커지고 있을 때, 조선과 명의 시선은 오로지 북방에 고정돼 있었다.

중국 왕조의 가장 큰 대외 긴장 요소는 북방 유목민족이었다.* 역사적으로 중원을 굴복시킨 외부 세력은 항상 이들이었기 때문이다.

반면, 긴 시간 동안 왜구의 침입이 빈번하게 일어나며 큰 고통을 줬지만, 일본이 전면전을 일으킬 거라 예상할 수는 없었다.

* 명의 북방군이 핵심 군권을 쥐고, 남방군이 지방군 성격을 띠는 것도 이러한 이유 때문이었다.

조선도 크게 다르지 않았다. 조선은 명나라와 사대관계를 정립해 평화를 유지했기에 군사적으로 큰 위협이 되는 나라는 오로지 북방의 여진뿐이었다.

그런 이유로 조선의 병력과 경계심은 북방으로 기울어져 있었다.

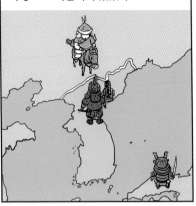

하지만 일본은 센고쿠 시대 100년이 넘게 전투를 치렀고, 시체를 보는 일이 일상화된 무(武)의 나라였다.* 열도 전체가 거대한 군대와 같았으니 일본에 대한 정보를 등한시한 조선이 그 규모와 전투력을 예측하기는 힘들었다.

임진왜란 이후 도쿠가와 이에야스에 의해 세워진 에도 막부는 조선과의 화해를 시도했고, 성리학을 받아들이고 유럽에 대해 쇄국을 단행하는 등 보수적인 동아시아적 세계관을 유지했다.

그리고 300년이 지나 메이지유신 세력은 에도 막부를 무너뜨리고, 근대화를 등에 업은 채 외교와 무력을 혼합해 더 세련된 방식으로 조선을 다시 침략하게 된다.

요시다 쇼인

사이고 다카모리

이토 히로부미

* 1602년 마테오리치가 간행한 〈곤여만국전도〉에는 일본에 대해 "이 민족은 무(武)를 많이 배우고, 문(文)을 적게 배운다."라고 기록돼 있다. (《새로 쓴 일본사》, 아사오 나오히로 엮음, 연민수 외 3인 옮김, 창비, 2008)

3장

조선과 일본의 전쟁 준비

히데요시의 야욕과
한반도에 드리운 피의 구름

히데요시가 대외적으로 조선 침략 의지를 처음 드러낸
것은 1586년 쓰시마도주 소 요시토시*에게 보낸
서신에서였다.

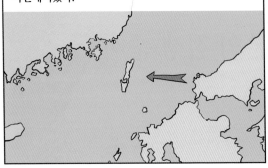

명나라로 가기 위해 조선을
먼저 칠 것이고, 명나라 다음은
인도를 치겠다.

이 서신을 받은 후 양아들 소 요시토시에게 도주 자리를 물려주고 은퇴했던 전 도주 소 요시시게는
1586년 5월 도주로 복귀했다. 이는 조선과의 외교 경험이 없는 소 요시토시(당시 18세)에게
이 중대한 사안을 맡길 수 없었기 때문이었을 것이다.

안 되겠다.
이 외교는 난도가
너무 높다. 아들아.
내가 잠시 복귀하마.

쓰시마는 경제 자립도가 낮아서 일본 본토의
통제를 받으면서도 전통적으로 조선과의
교역에 많이 의존하고 있었다.

그 때문에 쓰시마도주 입장에서 히데요시의
선전포고는 다루기 난감했다.

* 이때까지 소 가문은 17대 동안 쓰시마도주를 지냈고, 1587년 히데요시의 규슈 정벌 때 히데요시 밑으로 편입되었다.

1587년 9월, 히데요시의 명을 받은 쓰시마 사신 일행이 부산포에 들어왔다.

늙은 소 요시시게 대신 그의 가신 다치바나 야스히로가 앞장섰는데, 야스히로는 조선에 들어와 전례 없이 오만한 태도를 보여 공분을 샀다.

쯔쯧. 창 길이 봐라. 저래서 전쟁하겠어?

당시 쓰시마에 전한 히데요시의 통보는 '조선 왕의 입조'였다.

入朝

'입조'란 사신이나 신하의 나라가 상국에 인사를 하러 방문한다는 의미로, 조선 조정에서 '왕의 일본 입조'는 단어조차 입에 올릴 수 없었다. 이렇듯 히데요시의 세계관 안에서 조선은 일본의 다이묘 영국 정도의 위치였다.

입조 요구가 낳을 파장을 모를 리 없던 쓰시마도주는 결국 히데요시의 국조 내용을 위조했다.

잘못하면 쓰시마가 전쟁터로 변할지 몰라.
'조선 왕의 입조'는 '일본으로의 통신사 파견'으로 바꾸자.

이는 문서 위조의 임진왜란 외교, 그 시작이기도 했다.

통신사 파견 건에 대해 조선 조정은 긴 논의를 거친 후, 1588년 3월 쓰시마 사신단에게 공식적으로 거절 의사를 전했다.

일본으로의 바닷길을 몰라 갈 수 없습니다.

아니, 그건 우리가…

No!

히데요시는 성과 없이 돌아온 야스히로 일가를 몰살했다.

12월 요시시게가 사망하자 요시토시가 다시 쓰시마도주가 되었다.*
그리고 이듬해 히데요시는 쓰시마에 '조선 왕의 입조'를 성사시키라고 재촉했다.

관백은 한번 결정하면 그걸로 끝이라 들었다.

이번에 뭔가를 성사시키지 못하면 내 목이 베일 차례야.

1589년 6월, 이번엔 소 요시토시가 직접 부산 동래로 들어왔다.

요시토시 자신은 부사로, 세이후쿠지(聖福寺)의 주지승 게이테쓰 겐소를 정사로 하고 사카이 (오사카 남부에 위치한 센고쿠 시대의 무역 도시)의 상인 시마이 소시쓰 등과 동행했다.

* 그사이 요시토시는 임진왜란 1번 대장 고니시 유키나가의 사위가 됐다.

거듭되는 일본 사절단의 방문은 조선 조정에도 부담이었다.

이번에는 무슨 이유를 들어 거부해야 하나?

우리가 먼저 조건을 내걸어 저들이 어찌 나오는지 보는 것이 좋을 듯하옵니다.

저들이 따르지 않으면 그 또한 통신사 파견을 거부할 명분이 될 것입니다.

논의 끝에 조정은 통신사 파견 조건을 쓰시마 사신단에 제시했다.

1. 손죽도왜변*을 일으킨 왜구 주모자 5~6명과 왜구를 바칠 것.
2. 왜구와 공모한 조선의 반적 사을화동을 바칠 것.
3. 이때 납치당한 조선 백성들을 모두 쇄환할 것.

반드시 성과를 내야만 했던 요시토시는 조선 조정의 요구를 서둘러 수용했고

거부할 명분이 사라진 조선 조정은 통신사 파견을 준비하기 시작했다.

* 1587년 2월 왜구가 전라도 손죽도를 공격한 사건으로 정해왜변이라고도 한다. 녹도만호 이대원이 순국하고, 조선 백성 수백 명이 납치당했다. 정여립이 사병처럼 거느리던 대동계가 이들과 맞서 물리쳤다고도 한다.

통신사 파견이 결정되자, 벼슬에서 물러나 옥천에 머물던 조헌은 여러 차례 상소(《청절왜사삼소》, 《청참왜사상소》, 《비왜지책》)를 올렸다.

〈청절왜사삼소〉의 내용은 오늘날의 시각으로 보면 흥미롭다.

1. 히데요시의 야심은 단지 통신사 파견 요구가 아닐 것입니다.
2. 히데요시가 조선에 사신단을 보낸 것도 침략을 위해 조선의 지형, 도로, 거리 등 정보를 수집하기 위해서입니다.
3. 조선은 자강의 길을 가야 합니다. 국가의 모든 역량을 전쟁 준비에 쏟아야 합니다.
4. 군주와 신하가 협력해 백성들을 자식같이 여긴다면 백성들도 힘을 다해 사수할 것입니다.

선조는 과격파 조헌을 싫어했다.

조헌은 미천령 너머로 귀양을 보내야 할 요귀다.

〈비왜지책〉은 승정원에서 접수조차 거부했는데 이 내용 또한 예사롭지 않다.

"왜적은 동쪽에서 충돌하고 서쪽을 공격하려는 계획이지만 감히 경솔하게 서해변에 정박하지는 못할 것이고, 반드시 여러 차례 지나다녀 본 영남 지방을 먼저 쳐서 곧장 (한양으로) 올라가는 길을 연 다음, 군세를 나누어 호남 지방을 손아귀에 넣는 계책을 쓸 것입니다."

같은 해 10월 2일 조정을 뒤집는 큰 사건이 발생했다.

뭐… 뭐야, 이게!

왜 그러십니까?

황해감사 한준, 안악군수 이축, 재령군수 박충간, 신천군수 한응인 등의 연명이 된 비밀 서장이 조정에 도착했는데

어… 어서 전하께!

서장의 내용은 황해도와 전라도에서 진행되는 역모에 대한 것이었다.

역모라고?!

여기서 수찬 벼슬을 버리고 전라도 진안으로 내려가 있던 정여립이 주모자로 지목되었다.

조정에서 보낸 토벌대에 의해 서장에 언급된 사람들이 대거 체포되었고

정여립은 죽도로 피신했다가 자살했다.

이후 그와 가깝게 지냈다는 이유로 이발, 이길, 김우옹, 백유양, 정언신, 홍종록 등 동인의 핵심 인사, 평민까지 포함해 수백여 명(1,000명이 넘는다는 기록도 있다)이 처형당하거나 유배당했다.

이를 기축옥사라고 한다. 기축옥사는 2년여 동안 지속되었고, 뒤숭숭한 역모 정국 와중에 임진왜란이 발발했다.

억울하오! 나는 그저 정여립과 안부 편지만 주고받았을 뿐이오!

조선 통신사의 보고

기축옥사가 한창이던 이 시기 11월,
조선의 통신사 파견이 공식 승인되었다.

서인 황윤길이 정사, 남인 김성일이 부사, 북인
허성이 서장관으로 임명되었다.

1590년 2월 28일 마침내 일본은 조선의 요구대로 손죽도에서 납치당했던 김대기 등 조선인
116명을 쇄환하고, 주모자 긴시요라, 반적 사을화동을 포박해 조선에 보냈다.

이에 상응해 1590년 3월 6일 통신사 일행이
한양을 출발해

4월 29일 부산포에서 쓰시마로 출항했다.*

* 통신사가 한양을 출발해 부산포 출항까지가 53일, 임진왜란 발발 후 고니시 유키나가의 1번대 1만 9,000명이 부산포에서 한양을 침공하는 데까지는
20일이 걸렸다.

통신사가 쓰시마에 도착한 후에도 일본에서
사신을 영접할 선위사를 파견하지 않아
통신사는 한 달여를 쓰시마에 머물렀다.

우여곡절 끝에 통신사 일행이 당시 수도 교토에
도착한 것은 7월 21일이었다.

히데요시는 마지막 일본 통일 전투(오슈 평정)를
치른 후, 궁을 수리한다는 이유로 다시 통신사
접견을 미뤘다. 통신사는 또 교토에서만 100일
넘게 기다린 뒤 11월 7일 히데요시를 만날 수
있었다.

외교 기본 양식을 깨고 공식 접대가
단 한 번이었던 것은 물론, 접견 중 돌연
예복을 벗고 평상복으로 갈아입었다.
인사도 없이 술만 돌리던 히데요시는
아들이 품에서 소변을 보자 사신들 앞에서
옷을 갈아입기도 했다.

접견 후 히데요시는 황윤길과 김성일에게
각 은 400냥을 주고 곧장 돌아가라고
했고

통신사 일행은 11월 11일 교토를 떠나야 했다.

게다가 외교에서 응당 전해야 할 답서가
없었다.

부사. 서둘러
돌아갑시다.

국서를 받들고 오는데,
왜왕이 답서를 안 주다니!
국명을 돌밭에 버리는
셈이 아니오?

11월 20일이 되어서야 통신사가 머무는
사카이 포구에 히데요시의 답서가 도착했는데

이… 이런 미친!

히데요시의 국서를 받아 본 후 통신사는
히데요시의 요구가 조선과의 통교가 아님을
명확히 알게 되었다.

명나라를 점령할 테니
조선은 함께 싸울
군사를 보태라!

'정명향도(명을 정벌하니 길을 안내하라)'였다.
김성일이 이 내용을 이유로 답서를 거부하자
겐소 등이 '가도입명(명나라로 가는 길을 빌려
달라)'으로 교묘히 수정했다.

1591년 1월 말(《선조수정실록》에서는
3월) 부산에 도착하자마자 황윤길은 급히
도요토미의 국서를 한양으로 보냈다.

이때 서장관 허성과 성천지가 부산에 도착하자마자
동래부에 잡히는 해프닝이 벌어졌다. 정여립과
친분이 있다는 이유였다. 조선은 임진왜란 바로
직전까지도 기축옥사의 혼란한 정국이 지속되고
있었던 것이다.

통신사들이 조정에 돌아와
선조에게 보고를 했다.

반드시 병화가
있을 것입니다.

정사 황윤길

저는 그러한 정황을 발견하지
못했는데 윤길이 장황하게 아뢰어
인신이 동요하게 하니 사의에
매우 어긋납니다.

부사 김성일

눈이 반짝반짝하며
담과 지략이 있는
사람인 듯했습니다.

그의 눈은 쥐와 같으니 족히
두려워할 위인이 못 됩니다.

수길(秀吉, 히데요시)은
어떻게 생겼는가?

황윤길은 통신정사였을 뿐 아니라 해운판관, 병조참판을 역임해 현장을 파악할 군사적 경험이 있었던 데 비해, 김성일은 퇴계의 수제자로 뼛속까지 성리학자였다. 황윤길의 경험을 채택하지 않은 것은 초기에 전쟁에 대응할 기회를 놓친 아쉬운 판단이었다.*

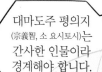

대마도주 평의지(宗義智, 소 요시토시)는 간사한 인물이라 경계해야 합니다.

신경 쓸 인물은 아닙니다.

황 정사의 말과 고의로 다르게 말하는데, 만일 병화가 있게 되면 어떻게 하려고 그러십니까?

류성룡

나라고 어찌 왜적이 나오지 않을 것이라 단정하겠습니까. 다만 온 나라가 놀라고 의혹될까 두려워 그것을 풀어 주려 한 것입니다.

김성일이 황윤길보다 당당한 외교 자세를 보였던 것은 사실이었다. 그러나 일본을 낮춰 바라보는 성리학적 세계관에 머물러, 전쟁 발발 시점과 규모를 파악해야 하는 당시 통신사의 특수한 임무를 그르친 것은 분명했다.

김성일의 선택이 무엇이었든, 전쟁이라는 운명을 막지는 못했을 것이다. 다만 결과적으로 조선은 많은 것을 대비할 수 있는 골든아워를 놓쳐 버렸다.

• 이런 의견 대립에는 동서 붕당의 대립이 영향을 줬다. 이때는 기축옥사로 동인이 대거 참혹하게 몰락하면서 붕당 간 긴장이 극에 달한 상황이었다. 《조선왕조실록》에 황윤길이 소 요시토시를 '평의지(平義智)'라고 언급했다고 나오는데 '종의지'의 오기로 보인다.

임진왜란 직전, 축성과 군사훈련의 필요성이 제기되었을 때도 김성일은 상소를 올려 반대했다.

지주 계급인 양반 사대부가 소작 계급의 노동력이 군역과 노역에 소비되는 것을 반대했기에 김성일이 그 여론을 따랐다는 분석도 있다.

그래도 황윤길은 임진왜란이 발발하고 곧 병사했지만, 김성일은 초유사*와 경상우도관찰사가 되어 흩어진 경상우도군을 수습하고 의병들을 독려하는 성과를 올렸다. 이 또한 가장 성리학자다운 결기였다.

통신사의 보고 후 선조는 하삼도 (호남, 호서, 영남)의 군 인사를 크게 개편했는데

그중 이순신을 종6품 정읍현감에서 1521년 2월 (임진왜란 1년 2개월 전) 정3품 전라좌도수군통제사로 임명한 일이 가장 눈에 띄었다.

이런 진급은 상식 밖의 일이었기에 비변사와 사간원의 극심한 반대에 부딪혔다.

전하께서 전에는 근무평가 최하위 원균을 전라좌수사로 특진시키더니

그 뒤엔 출신이 미천한 유극량을, 이번엔 종6품 이순신이라니. 반대 상소를 올려야 하지 않겠나?

* 전쟁 등 난리가 났을 때 백성을 타일러 경계하는 일을 하는 임시 벼슬.

그럼에도 선조는 고집을
꺾지 않았다.

결국 이순신 임명에는 최후의 편법이 적용되었는데,
정읍현감(종6품) → 진도군수(종4품, 근무 안 함) →
가리포(완도)첨사(종3품, 근무 안 함) →
전라좌도수군통제사(정3품)로 진급시키는
형식을 취했다.

4단계

종6 ⇒ 종4

2단계

정3 ← 종3

1단계

이순신이 조선과 선조를 살리고 선조가
이순신을 시기하게 되는 후일을 생각하면
참으로 아이러니한 사건이었다.

원래 전라좌수사에 오를 이는
유극량이었다.

그러나 출신 문제*, 겸손해서 군 기강이 안 선다는 이유로
임명된 지 얼마 지나지 않아 경질됐다.

쯔쯔. 병사들하고
호형호제나 하고 있으니…
피는 못 속여.

* 유극량은 어머니가 노비여서 과거에 응시할 자격이 없었으나, 주인의 아들인 홍섬이 유극량을 면천해주면서 무과에 응시, 급제할 수 있었다.

비슷한 시기에 전라우수사에 이억기가 임명되었고,

경상우수사에는 1592년 1월 유극량 직전 전라좌수사에 잠시 천거되었던 원균이 임명됐다.

원균이 경상우수사에 임명되었을 즈음 경상좌수사에는 박홍이 부임했다. 임진왜란 발발 3개월 전이었다.

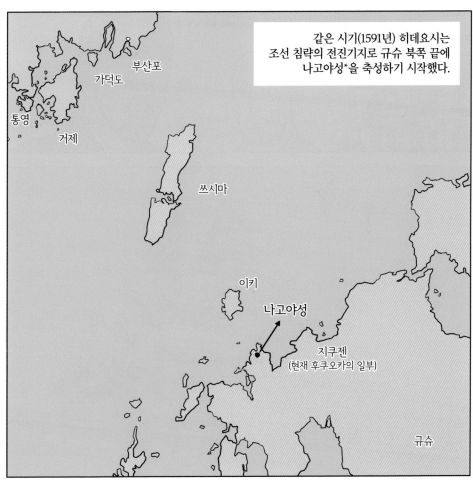

같은 시기(1591년) 히데요시는 조선 침략의 전진기지로 규슈 북쪽 끝에 나고야성*을 축성하기 시작했다.

부산포

가덕도

통영

거제

쓰시마

이키

나고야성

지쿠젠
(현재 후쿠오카의 일부)

규슈

* 후에 지어지는 에도 막부의 나고야성과 구분해 히젠(肥前) 나고야성이라고도 한다. 도쿠가와 막부가 들어서고 조선과의 관계 복원을 위해 헐어 현재는 남아 있지 않다.

20여 명의 다이묘에게 투자를 강제해 6개월 만에 총면적 50만 평의 나고야성을 완성했고,
각 다이묘의 진영은 8개월 만에 지어졌다. 나고야성 인구는 30만으로 오사카를 제외한 당시
도시 중 최대 규모였다.

나고야성의 축성 책임자는 후에 울산성을 축조한 가토 기요마사,
공사 책임자는 데라자와 히로타카(임진왜란 때 보급·수송 책임자)
였다.

임진왜란 직전 조선 침략을 위한 거대한 전초기지가 모습을 드러낸 것이다.

• 나고야성의 구조는 당시 무기로는 공략하기 불가능해 보일 정도로 좁은 통로가 천수각까지 빙글빙글 도는 복잡한 미로 같았을 것이다.
이 축성 경험으로 가토는 전쟁 때 조명연합군을 막을 수 있지 않았을까.

4장

전선과 전술

끙

근디, 이번 수사 어른 어떻게 남정네들 고생 좀 덜 시켰으면 한당께.

저녁 나절에 삭은 갓김치매냥 돌아오는 서방 보믄 아무리 웬수라도 맴이 찢어져.

글지.

하루는 화살, 하루는 포갱 상태, 하루는 창. 매일 트집거리 잡아서 고생시킨다 안 허요.

그냥 하던 대로 하지. 이번 수사 어른은 뭐가 그리 특별난지.

그래도 관에서 청어 말린 거 쌀과 바꿔 줘서 든든하지 않어요?

몸이 곯아서야 쌀 백만 섬인들 무슨 소용이니?

그런디 요즘 수영에서 이상한 배를 맹근다면서요?

뭔 소리여?

글씨 뚜껑이 있는, 아니 지붕을 통으로 덮은 배를 만든다 안 허요.

그거슨 지도 오라비한테 들었어라.

요 동고리처럼 생긴 배라고.

우리가 지금 짜는 거시 그 지붕배에 쓸 돛베(돛을 만드는 데 쓰는 천)라고 하지라.

시방 이거시 정말 그 돛베여?

뭔 요상한 짓거리라. 격군마냥 더브라고 배에 지붕을 맹글어?

왜구들 때문이라잖여요.

거 머시냐, 왜구 놈들이 넘의 배에 올라타는 기 기막히다 안 혀요. 그거 막는 거지라.

지붕 위에 올라타서 불이라도 지르믄 으째?

음...

우째쓰까…

호호호. 지붕 위에다가 밤송이를 깔아 놓으면 되겠네요.

올랐다가 찔리도록.

하~ 그거 좋다.

깔깔깔 깔깔

어유. 아지매 둘만 모이면 돌부처도 수다 떤다더니.

시끌벅적한 게 잔칫상 나온 줄 알았소.

종말 아재!

뉘신가 했더니 잘생긴 우리 권관 나리하고 남도에서 젤로 못생긴 조종말이네!

앞으로 같이 다니지 말아요. 옆에 서니 더 차이 나네.

도봉이랑 다닐 때는 또 어떻고?

이보게들. 방금 밤송이 얘기를 하던데, 그게 무슨 소린가?

아, 시비를 가리고자 물어본 것이 아니니 걱정 말고.

아, 다담이가 글씨 그 지붕배 우에 밤송이를 깔재요.

왜놈들 찔리도록.

깔깔깔

깔깔

깔

이 언니...

이언량 권관의 의견을 반영해서 그려 봤습니다.

군관 나대용

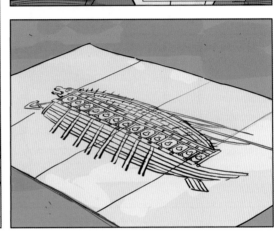

전라좌수사 이순신

경장 정걸

방답첨사 이순신(李純信)

흥양현감 어영담

군관 이언량

군관 송희립

머리에 가시까지 넣으니
생김이 제법 멋집니다.

이놈이 바다를
가르고 다닌다니…
상상만 해도 짜릿한데요.

덮개 위에 쇠못이나 칼날…
중종 선대 임금 연간에 제작했던
창선(槍船)이 그러했을 걸세.

왜적의 등선육박 전술을
능히 방해할 것 같군.

아무래도 흘수가 더 깊어지겠군요.
연안의 거센 물살에 선회와 방포가
가능할지는 두고 봐야 할 것 같습니다.

돌격선의 덮개가
성의 해갱(해자)이라면

쇠못은 철책이자 성가퀴가
되어 줄 것 같구나.

지붕이 막힌 돌격선이라면
적의 화공을 진화하기가
쉽지 않을 것 같습니다.
십자로를 냈으면 합니다.

십자로요?

아, 십자로 이동하면서
불을 끄는 거지요?
그것도 좋을 것 같습니다.

좋아. 나 군관은 십자로를 넣은
설계도를 만들도록 하고.

예, 영감.

얼추 두 가지
설계가 끝났소.

본영에 제작 중인 귀선에
추가로 동시에 두 척 더
만들어 보도록 하지.

승평부에 미리 연통할 터이니
어 현감께서 권준 부사와
잘 협력해 주시고

승평 돌격선은 형태가 다른 만큼
설계에 참여한 군관들을
자주 보내겠습니다.

방답첨사께서는 분주하시겠지만,
도울 사람을 보낼 테니 방답 선소에서
책임지고 건조해 주시오.

방답 선소의 목재는 보성, 낙양,
흥양에서 보내도록 기별하겠소.

다음 차례는 총통 현황인가.

예, 영감.

천자포, 지자포, 현자포는 전에 보고드린 대로 목표치에 맞춰 주조를 끝냈고, 황자포는 현재 12문 주조했는데 동(구리)의 수급이 정체되어 기다리고 있습니다.

군관 최대성

동이라…

사찰에 사람을 보내 동종을 녹여 쓰는 걸 설득해 보세.

저항이… 만만치 않을 텐데요.

그럴 테지. 좌수영의 승병들과 함께 찾아가 충분한 논의를 거쳐 결정하겠네.

계속 보고하게.

승자 52문, 소승자 10문, 철익전으로는 대전 150대, 차대전 300대, 중전 450대, 피령전 1,500대를 제작하였습니다. 조란환 등 철환, 석환, 질려포, 대발화 수량은 목표치를 완료했습니다.

수고했네.
다음은 이 군관.

현재 훈련용과
5포 비축분을 제외한
예비 화약은
952근입니다.

군관 이봉수

기존 격목들을 전부 교체해
화포 발사 시 화기가 분산,
낭비되는 것을 막았습니다.
개인용 총통 또한 토격의 점질을
조정해 화력을 늘렸습니다.

고생했네. 952근이면
예상보다 곱절은 빠르다.

다만 숯을 늘려
염초의 비율을 줄이기는 했는데,
황(黃) 역시 부족해 한계가 있습니다.

화약은 비축량을
더 늘려도 지나치지
않을 것입니다.

여전히
부족합니다.

알겠네.
승평 보성에 사람을 보내
황을 요청하고, 취토군도
늘려 달라 하겠네.

바다 위의 적선을 가정했을 때, 지금과 같으면 화약과 철환을 바다에 낭비하게 된다.

이언량. 총통의 명중률을 높일 수 있겠나?

동거를 개조해 지금보다 손가락 두 치 정도 총통의 기울기를 낮추면, 사거리는 3분의 1로 줄어드는 대신

명중률에서 철환은 세 배, 장군전은 다섯 배 이상 높아질 것입니다.

파도와 해수면의 불규칙함에도 그 명중률을 적용할 수 있겠나?

모래주머니로 동거의 뒤를 받치고 나무조각을 동거 바퀴에 끼워 가며 상황에 맞춰 빠르게 조절이 가능합니다.

단, 일부 전선 여장판의 포혈(砲穴)을 지금보다 바닥까지 확장해 줘야 가능합니다.

사도첨사와 녹도만호가 도착하면 바로 수조를 시작하지.

예, 영감!

장군전을 여장에 붙여 발포할 경우 역시 선상 장착을 위한 포혈 확장이 반드시 필요합니다.

알겠네. 논의해 보지.

송희립.
우척후선 간격을
맞추라 전하라!

예, 영감.

우척후선 영기를
반 올려라!

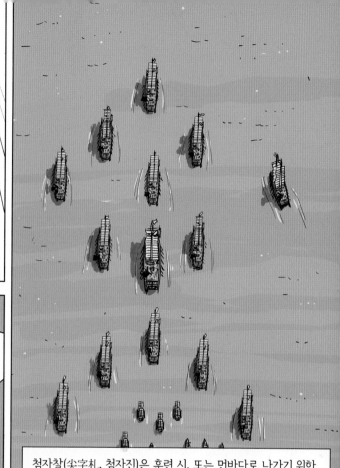

좌로 선행하라!

아딧줄 풀어!

첨자찰(尖字札, 첨자진)은 훈련 시, 또는 먼바다로 나가기 위한 조선 수군의 이동 진형이다. 적을 만났을 경우 첨자진 대형에서 학익진(일자진)과 장사진으로 진형을 바꾼다.

아디채 잡아!
바람을 너무 탔다!

멍청아!
뒤에 눕지 마!
돛폭 접히면
진영 이탈한다!

똑바로 안 해!
전선이 진 안으로
파고들잖아!

그게 아니라…
바람 방향이!

야! 뒤에 타공(舵工)!
키 틀어!

돛을 접고
노로 전환하라.

영감.
샛마파람(동남풍)으로
바뀌었습니다.

요수(燎手)는
용총줄을 당겨라!

돛을 접어라!

결진(結陣)하라!

툭 툭 툭

휘(麾)를
올려라!

장사진을
결진하라!

둥 둥 둥

결진하라!

결진하라!
장사진을 결진하라!

둥 둥 둥

녹도만호 정운

만호 나리!
대장선의 장사진 결진
명령입니다!

장사진을 결진하라!

유군장기로 답하고,
부장령하기를 올려라!

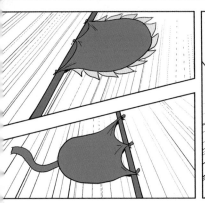

장사진을 결진하라!

둥둥둥

좌격군 역으로!
우격군 정으로
노를 저어라!

둥둥둥

좌격군
역으로!

우격군
정으로!

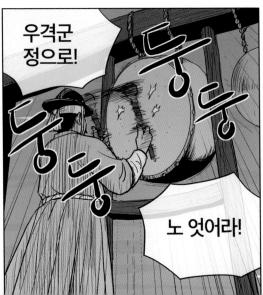

우격군
정으로!

둥둥
둥둥

노 엇어라!

적선 200보,
좌포군 방포하라.

우포군, 좌포군 뒤
2선 대기.

우포군, 좌포군 뒤
2선 대기!

적선~ 200보!

좌포군
방포하라!

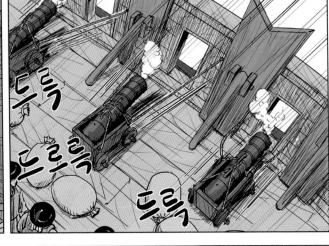

5장

조선 수군의 계획

선전포고나 다름없는 히데요시의 국서와 쓰시마 사신의 방문을 받았지만,
조선의 또 다른 문제는 명나라였다.

1591년 4월 조선 조정은 일본의 침략 선언을 명에 보고하는 문제로 갑론을박했다.

상국을 범하겠다는
말을 듣고 어찌 우리가
가만히 있을 수
있겠습니까?

통신사 파견 등을
명에 알리지 않았는데
이제서 보고하면
어떻게 여기겠습니까?

영의정 이산해

알려야 합니다.
후에 일이 더 커질 수
있습니다.

병조판서 황정욱

전 반대입니다.
전쟁이 날지 알 수 없는 것 아닙니까.

부제학 김수

윤두수, 황정욱 등은 명에 대한 의리로 통신사 파견부터 전부 보고해야 한다고 주장했고 선조도 이에 동조했다.

한편 류성룡과 김수는 통신사의 보고(김성일)에 따르면 전쟁 준비의 규모가 우려스럽지 않은데 일본을 자극할 필요 없다고 주장하며 파가 크게 나뉘었다.

네 차례의 논의 끝에 황제에 대한 진주사 파견은 하지 않고, 성절사로 가는 김응남을 통해 명의 예부에 자문을 넌지시 전하기로 했다.

조선 조정의 생각과 달리 당시 명나라 조정은 이미 전화 조짐을 알고 있었다.

류큐*에 있던 복건성 상인 진신과 류큐의 관리 정동 등에 의해 일본의 전쟁 준비 상황이 명 조정에 전해진 상태였다.

* 지금의 오키나와현에 위치했던 자치국. 1879년 일본에 강제 병합됐다.

조선에 대한 명나라 조정의 의혹이 커지고 있을 무렵, 성절사 김응남의 자문은 의심을 해소시키는 데 도움이 됐다.

하지만 일본에 포로로 잡혀 있던 복건성 출신 허의후 등의 보고가 조선의 외교를 위험에 빠뜨렸다.

조선이 왜에게 조공을 바치고 서둘러 우리(명)를 치라고 독촉했습니다.

결국 조선 조정은 이후에도 예조판서 한응인을 진주사로 보내는 등 사신을 연이어 파견해 정명향도에 대한 해명을 계속해야만 했다.

이렇게 전란이 발발할 때까지 조선과 명의 외교는 명이 받는 정보에 따라 냉탕과 온탕을 오갔다.

명나라 《신종실록》에 의하면 조선을 조사한 요동도사의 자문에는 이미 1592년 3월에 일본이 침략해 올 것이라고 시기까지 명시돼 있었다.

다만 일본이 조선과 요동을 거치지 않고 바다를 통해 명의 연해로 직접 쳐들어오는 것에 비중을 두고 있었다.

1591년 6월 쓰시마도주 요시토시가 다시 부산을 찾았을 때 조선 조정은 상륙을 불허했다.

요시토시는 돌아가 히데요시를 만나 조선의 상황을 전하며 조선 지도를 바쳤다.

쓰시마 사신단은 그동안 공공연히 조선의 이동로와 지도를 제작하고 있었다.

요시토시가 전에 사신으로 왔을 때 이런 일이 있었다.

그 말씀은 엉터리요.

한양과 삼척의 거리에 대해 조선 관원의 주장을 반박하며 자신이 소지한 조선 실측 지도를 대놓고 보여 주었다.

보시오. 한양과 삼척의 실제 거리는…

과거 기록에 의존한 조선 관원에게 더 정확한 최신 실측 기록을 보여 준 것이다. 더구나 한양에서 삼척에 이르는 길은 쓰시마 사신단이 한양에 이르는 경로도, 그들이 머물렀던 지역도 아니었다.

군사적으로 쓰일 수 있는 자료인데 관원조차 경계하지 않았다면, 조선이 얼마나 무방비한 상황이었는지 알 수 있다.

> 흥. 조선 땅은 우리 조선 사람이 더 잘 알지, 무슨 소리!

조선도 경상도 지방을 중심으로 성을 신축, 증수했다.

부산진성, 동래성, 좌병영성(부산병영성), 우병영성(진주병영성), 진주성, 대구성, 삼가성(합천성), 성주성, 안동성, 연청성, 청도성, 삼주성 등이 지어졌다.

1591년 10월

제승방략*으로 전환한 조선의 군제를 진관법으로 돌려야 합니다.**

우의정 류성룡

제승방략으로 전환된 지 오래라 불가합니다.

경상감사 김수

경상우병사 조대곤은 늙고 재주가 없으므로 이일로 교체해야 합니다.

이일은 명장이오. 명장을 어찌 외지로 보낼 수 있겠소.

병조판서 홍여순

결국 경상우병사 소내곤은 임진왜란 직전이 되어서야 김성일과 교체됐다.

* 1555년 을묘왜변 당시 제주목사 김수문이 처음 시행한 것으로 보인다. 이에 명종대 수륙 공동으로 관찰사 지휘하에 상호 협력하는 방식의 제승방략이 확립되었다. 제승방략은 북방식과 남방식으로 나뉜다. 북방식은 사변 지역의 장수가 군사를 모아 지휘하는 것이고, 남방식은 한양에서 지휘관을 파견해 해당 지역에 군사를 집결시켜 지휘하는 것이다. 경상, 전라 수군의 제승방략은 북방식을 따른 것이다.
** 류성룡은 1594년 다시 진관 체제 복구를 주장했고, 1595년 10월 사도도체찰사가 되어 진관 체제 복구를 시작했다. 단, 조선의 전통적인 오위진법은 버리고, 임란 중 명에서 들어온 척가군 창시자 척계광의 남병 전법인 《기효신서》에 입각한 체제로 바꿨다.

임진왜란 발발 두 달 전 1592년 2월 조정은 신립과 이일을 지방으로 보내 전쟁 대비를 순시하게 했다.

전라병사를 역임했던 이일은 호남과 호서(충청도)로,

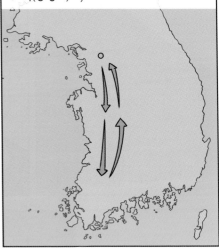

평안병사를 역임했던 신립은 경기와 해서(황해도)를 돌아 한 달 뒤에 복귀했다.

시간이 지나면서 조정은 일본군이 전라도 지역으로 침략해 올 확률에 무게를 두었던 것 같다.*

경상우병사 김성일	경상우수사 원균	경상좌수사 박홍

명 조정의 정세 판단과 궤를 같이한다면, 일본이 당시 명의 주 병력이 있는 요동을 피해 남쪽으로 대규모 병력을 보낼 거라는 판단도 비합리적이라고 할 수는 없다.

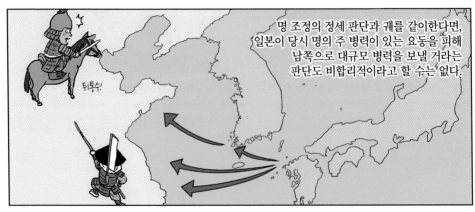

뒤통수!

* 경상우병사 김성일의 임명은 임진왜란 발발 직전이었고, 경상좌수사 박홍, 경상우수사 원균 또한 전쟁 3개월 전에야 부임했다.
심지어 박홍과 원균은 무관 재임 동안 실질적인 수군 경험 기록도 없다.

1592년 3월 임진왜란 발발 한 달 전 류성룡은 이순신에게 병서 《증손전수방략》*을 보냈다.

세상에 비교할 것이 없는 탁월한 이론이다!

이 책은 1591년 선조가 비변사로 내려보낸 《전수도》를 류성룡이 증보하여 지은 초본 《진군국기무10조》가 아닐까 추측한다.

이 책은 1594년 6월 《전수기의10조》라는 제목으로 개정되었고 일본군과 조선군의 비교, 척계광의 《기효신서》, 수성법 등 임진년의 경험이 보충됐다.**

또는 《증손전수방략》 자체가 《기효신서》의 일부일 수 있다는 가설도 있다. 척계광의 《기효신서》 12권 〈주사(舟師)편〉에는 동아시아 병서 사상 전례가 없을 정도로 구체적인 수군 운용 방법 (수군의 선단 편성, 무기, 신호장비, 전술 운용, 병선의 군법 등)이 기록돼 있다.

《기효신서》가 공식적으로 조선에 처음 도입된 시기는 1593년 2월로 알려졌지만 그 이전에 류성룡이 일부를 입수했을 가능성이 있다는 것이다.

* 이전 조선시대 병서로는 《장감박의》(1437), 《진법: 소자진서》(1451), 《동국병감》(1451), 《무경칠서 주해》(1452), 《진법: 대자진서》(1455), 《역대병요》(1456), 《병정》(1459), 《어제병장설》(1462), 《병장설》(1466), 《오위진법》(1492), 《육도직해》(1574), 《제승방략》(1588)이 있고 세종~세조 간에 집중돼 있다.
** 원래 '20조'였으나 전란 중 소실되었다고 한다.

임진왜란 당시 47세였던 이순신은 1576년 식년시*에서 병과 4위(전체 12위)로 32세에 무과에 합격했다.

이순신의 예하 장수 중 낙안군수 신호는 53세로 이순신보다 다섯 살 연상이었다.

신호는 1567년 29세로 식년시 갑과 2위(전체 2위, 원균이 을과 2위로 전체 5위)로 합격한 엘리트였다.

46세의 응양현감 배흥립은 1572년 27세에 별시에서 을과 12위(전체 52위),

59세 광양현감 어영담은 1564년 33세에 식년시 병과 3위(전체 11위),

49세 녹도만호 정운은 1570년 27세에 식년시 병과 20위(전체 28위),

• 3년마다 열리는 정규 과거시험으로 무과는 28인을 기준으로 때에 따라 조금씩 더 선발했다. 갑과 3인, 을과 3인, 병과 20인 순서로 합격자 순위를 구분했다.

46세 사도첨사 김완은 1577년 32세에 별시 병과 5위(전체 10위)로 합격했다. 종3품 첨사직은 정3품 좌수사인 이순신보다 불과 한 직급 아래였다.

45세 승평부사 권준은 1579년 33세에 식년시 갑과 3위(전체 3위),

보성군수 김득광은 자세한 자료는 없으나 경험이 풍부한 장수로 추측한다.*

39세의 방답첨사 이순신은 1577년 24세에 알성시 무과에 합격한 것으로 알려져 있다. 양녕대군의 피를 이어받은 방계 왕족이다.

이렇게 이순신 휘하 전라좌수군 제장들은 원균의 경상우수군, 이억기의 전라우수군 수하 장수보다 매우 경험이 많고 연륜이 깊었다. 당시 경상좌수군의 신상은 일부만 알려졌다.**

* 김득광의 동생 김득휘가 1572년 31세에 별시에서 병과 10위로 급제한 기록이 있다. 따라서 김득광은 최소 50대 초중반의 나이였을 것으로 추정한다.
** 《선조실록》 84권(1597년 1월 27일)에는 원균이 이순신의 '다섯 아들'을 부러워하는 내용이 나온다. 여기서 다섯 아들이란 이순신의 능력 있는 장수를 뜻하는 것으로 그 대상은 권준, 배흥립, 김득광 등이다. 이때 정운·어영담은 사망, 방답첨사 이순신은 충청수사로 있었다.

조선에서는 정규 과거인 식년시와 별개로 나라에 일이 있어 별도로 인재를 선발하고자 할 때는 별시, 알성시, 증광시 등을 열어 관리를 선발했다. 선조 때는 놀랍게도 선대와 비교하기 힘들 만큼 많은 무과 인재를 선발했다.*

자자, 홍패를 받으실 출신(합격자)은 호패를 들고 한 줄로 서 주시오.

이런 파격적인 인재 충원은 북방의 불안 때문이었다.

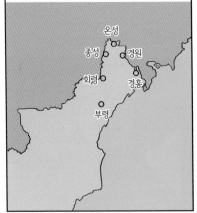

1583년 이탕개의 난이 일어난 해 선조는 추가로 과거시험을 치렀는데, 식년시와 달리 1583년 알성시에서 101명, 별시에서 500명의 무과 합격자를 배출했다.

전례 없는 무관의 풍년이었음을 생각하면 임진왜란 시기 조선은 장수가 없다고 말할 수 없는 상황이었다.** 더구나 이들은 임진왜란 당시 10년 차 무관으로 타성에 젖지 않았고, 풋내기도 아닌 연차였다.

* 이후 인조, 숙종, 영조, 정조 때 더 많은 무인을 선발했지만, 선조 이전 대와 비교하면 파격적인 수치였다. 이는 율곡 이이가 병조판서 직에 있을 때이니, 후에 회자된 십만양병설의 진위를 떠나 이이는 무반의 증원과 강군을 추진했음을 알 수 있다.
** 이후에도 1584년 별시에서 무관 202명을 선발했으며, 1591년에는 209명의 무과 급제자를 배출했다. 선조는 임진왜란 직전인 1591년까지만 해도 (당시 재위 24년) 1,500여 명의 무과 합격자를 배출한 셈이다.
*** 정걸이 처음 판옥선을 발명했다는 추론도 있다. 《조선왕조실록》에 판옥선이 처음 등장하는 기록은 1557년으로 명종 대에 발명된 것으로 보인다. 시기가 맞아 가능한 추론이지만 확실한 근거는 없는 듯하다.

1583년 선발된 무과 합격자 600여 명 중 임진왜란 시기 조선 수군의 핵심으로 활약한 장수는 다음과 같다.

별시(500명 선발)
이충성(29세 - 합격 당시 나이) - 병 18위 / 전라우수군 다경포만호
나대용(28세) - 병 28위 / 전라좌수군 발포가장
배설(32세) - 병 45위 / 방어사 조경의 군관 → 경상우수군 부산첨사
변존서(23세) - 병 81위 / 전라좌수군 이순신의 대솔군관
유섭(18세) - 병 102위 / 전라좌수군 승평수군 의병
고여우(40세) - 병 112위 / 경상우수군 적량만호
위대기(29세) - 병 156위 / 전라우수군 해남현감
송희립(31세) - 병 159위 / 전라좌수군 이순신의 군관
정담수(34세) - 병 289위 / 전라우수군 어란포만호
하종해(27세) - 병 307위 / 경상우수군 당포만호
김인영(41세) - 병 322위 / 전라좌수군 여도권관
가안책(25세) - 병 328위 / 전라좌수군 이순신의 군관

알성시(101명 선발)
우치적(24세) - 병 14위 / 경상우수군 영등포만호
유해(36세) - 병 15위 / 전라우수군 강진현감

또한 전라좌수영에는 78세 정걸이
조방장으로 파견돼 있었다.

1544년 무과에 급제한 정걸은 을묘왜변
때 전라남도 해남 달량성에서 왜군을
무찌른 경험이 있었고

1577년 전라좌수사, 1578년 경상우수사,
1583년 전라병사(종2품, 전라도 육군 총사령관),
1587년 전라우수사를 역임했으며, 남쪽 바다와
수군 운용, 부대 관리에는 최고의 전문가***라고
할 수 있었다.

이순신은 전라좌수사가 된 후 나대용 등의
도움을 받아 신무기를 개발했다.

바로 돌격형 장갑선인 귀선(龜船, 거북선)
이었다.

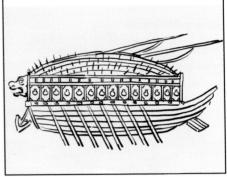

거북선은 해적들의 전투 방식에 대응하기
위한 고민이 담긴 전투선이었다.

이순신의 전라좌수영은 1592년 4월 11일
거북선에 돛을 달아 완성하고

4월 12일 첫 화포 발사를 실험했다.
이는 임진왜란 발발 하루 전이었다.

"맑았다. 식사를 한 뒤 배를 탔다.
거북선에서 지자와 현자포를 쏘았다."
-《난중일기》 1592년 4월 12일

이순신의 제장 중 사도첨사였던 김완은 《용사일록》에서 거북선에 대해 다음과 같이 묘사했다.

"그때 수군절도사 이순신 장군은 거북선을 창조했다.
만드는 방법은 배 위에 판자로 거북 모양과 같이 만들고 등마루에는
열십자 모양의 통로가 있어 통행하기가 용이하도록 했으며 여백에는
칼과 송곳을 빽빽하게 꽂아 놓았다."

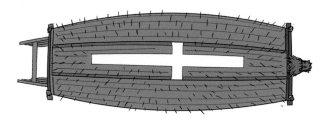

"그리고 앞에는 용의 입을 만들어 총구멍으로 사용하고 (…) 그 밑에는 사면의 공간이 있고
이곳에서 포를 발사하면 빠르기가 천을 짜는 북과 같다."

"적이 뛰어오르면 송곳과 칼에 찔리고, 포위를 하면 화총(火銃)이 함께 발사되어 신비하고
절묘하기가 이루 말할 수 없었다. 그러므로 이 거북선이 향하는 곳에는 번번이 승전했다."
- 《용사일록》, 1597~1606년 사이 집필 추정

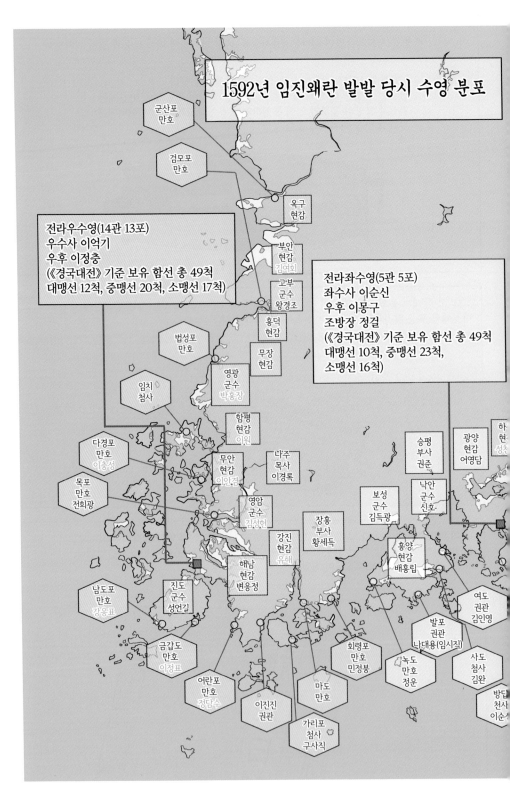

1592년 임진왜란 발발 당시 수영 분포

군산포
만호

검모포
만호

옥구
현감

부안
현감
김여회

고부
군수
왕경조

전라우수영(14관 13포)
우수사 이억기
우후 이정충
(《경국대전》 기준 보유 함선 총 49척
대맹선 12척, 중맹선 20척, 소맹선 17척)

전라좌수영(5관 5포)
좌수사 이순신
우후 이몽구
조방장 정걸
(《경국대전》 기준 보유 함선 총 49척
대맹선 10척, 중맹선 23척,
소맹선 16척)

흥덕
현감

법성포
만호

무장
현감

임치
첨사

영광
군수
박홍장

함평
현감
이원

하
현
성

승평
부사
권준

광양
현감
어영담

다경포
만호
이충성

무안
현감
이안경

나주
목사
이경록

목포
만호
전희광

영암
군수
김성헌

보성
군수
김득광

낙안
군수
신호

장흥
부사
황세득

강진
현감
유해

흥양
현감
배흥립

남도포
만호
강응표

진도
군수
성언길

해남
현감
변응정

여도
권관
김인영

금갑도
만호
이정표

어란포
만호
정담수

이진진
권관

마도
만호

회령포
만호
민정붕

발포
권관
나대용(임시직)

녹도
만호
정운

사도
첨사
김완

가리포
첨사
구사직

방답
첨사
이순

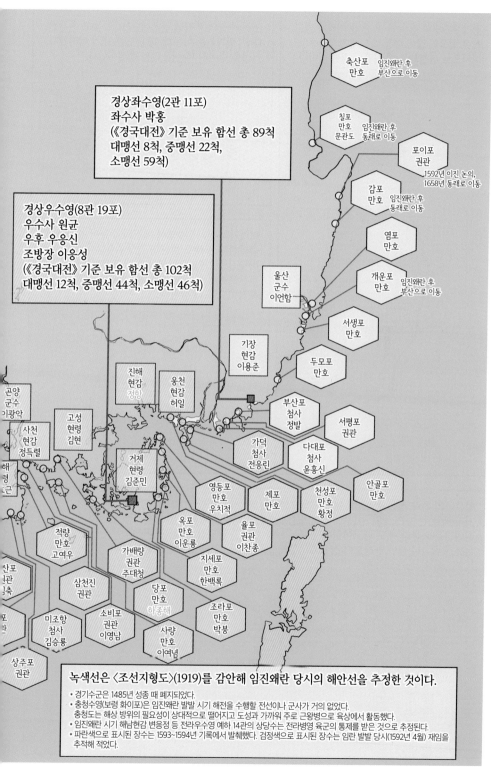

축산포
만호
임진왜란 후
부산으로 이동

칠포
만호
문란도
임진왜란 후
동래로 이동

포이포
권관
1592년 이진 논의,
1658년 동래로 이동

감포
만호
임진왜란 후
동래로 이동

염포
만호

개운포
만호
임진왜란 후
부산으로 이동

울산
군수
이언함

서생포
만호

두모포
만호

경상좌수영(2관 11포)
좌수사 박홍
《경국대전》기준 보유 함선 총 89척
대맹선 8척, 중맹선 22척,
소맹선 59척)

경상우수영(8관 19포)
우수사 원균
우후 우응신
조방장 이응성
《경국대전》기준 보유 함선 총 102척
대맹선 12척, 중맹선 44척, 소맹선 46척)

기장
현감
이용준

진해
현감
정항

웅천
현감
허일

부산포
첨사
정발

서평포
권관

가덕
첨사
전응린

다대포
첨사
윤흥신

안골포
만호

고성
현령
김현

영등포
만호
우치적

제포
만호

천성포
만호
황정

거제
현령
김준민

옥포
만호
이운룡

율포
권관
이찬종

지세포
만호
한백록

곤양
군수
이광악

사천
현감
정득렬

해령근

적량
만호
고여우

가배량
권관
주대청

당포
만호
하종해

조라포
만호
박붕

산포
관축

삼천진
권관

포
학

미조항
첨사
김승룡

소비포
권관
이영남

사량
만호
이여념

상주포
권관

녹색선은 〈조선지형도〉(1919)를 감안해 임진왜란 당시의 해안선을 추정한 것이다.

• 경기수군은 1485년 성종 때 폐지되었다.
• 충청수영(보령 화이포)은 임진왜란 발발 시기 해전을 수행할 전선이나 군사가 거의 없었다.
  충청도는 해상 방위의 필요성이 상대적으로 떨어지고 도성과 가까워 주로 근왕병으로 육상에서 활동했다.
• 임진왜란 시기 해남현감 변응정 등 전라우수영 예하 14관의 상당수는 전라병영 육군의 통제를 받은 것으로 추정된다.
• 파란색으로 표시된 장수는 1593~1594년 기록에서 발췌했다. 검정색으로 표시된 장수는 임란 발발 당시(1592년 4월) 재임을
  추적해 적었다.

전라우수영의 경우 각 포진 간 거리가 멀고, 작은 섬들이 많아 이동 속도에 영향을 미치므로 집결하는 데 시간이 걸릴 것이다.*

조선 수군의 주력인 판옥선은 크고 높고 튼튼한 대신, 원거리를 이동할 때 속도를 내기 어려웠다. 거점을 방어할 때 어울리는 함선이었다.**

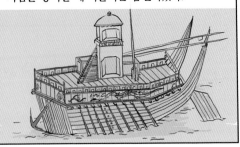

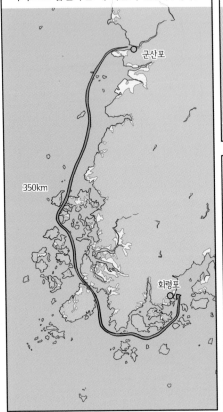

이억기의 전라우수영에 제진의 수군이 집결해서 출발한다고 해도 원균의 경상우수영까지 바닷길로 270km 이상이다. 나고야성에서 부산포까지 이동하는 과정(200km)보다 복잡하고 오래 걸린다.

일본군의 침략 경유지 쓰시마에서 부산포까지가 60km이지만, 전라좌수영에서 부산포까지의 거리(해로)는 160km가 넘는다. 조선의 삼도수군은 미리 대비하지 않으면 조선 앞바다에서 전면전을 치른다 해도 나고야성에서 오는 보충 병력을 감당할 수 없는 구조다. 이는 후에 이순신이 한산도에 삼도수군통제영을 만드는 일과 밀접한 연관이 있다.

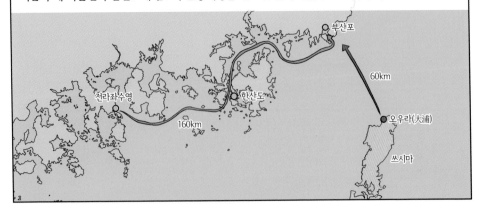

* 전라우수영 최북단 제진 군산포에서 관할 경계 제진 회령포까지 바닷길로 대략 350km가 넘는다.
** 판옥선의 이동 속도는 시속 5~5.5km로 추정, 쉬지 않고 10시간 동안 노를 저어야 최대 50km를 이동할 수 있다는 의미다.

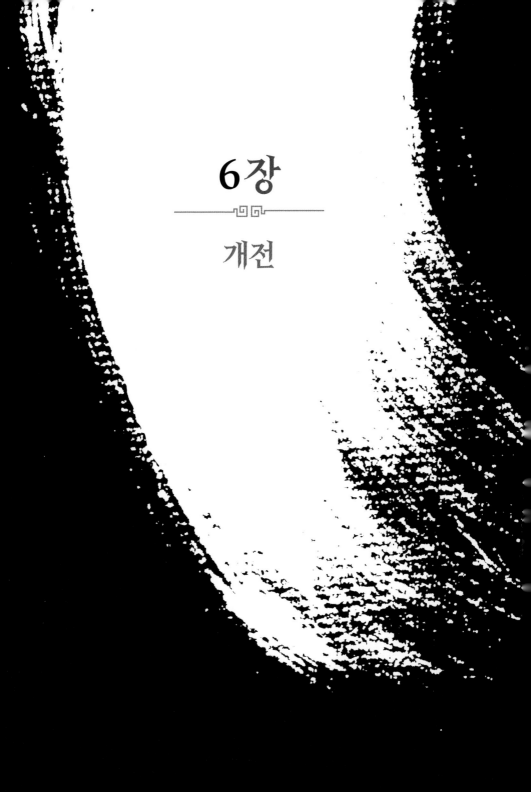

6장

개전

1592년 1월 초 히데요시는 나고야성에서 지방별 병력, 군선, 식량 등을 집결하고 조선 침략을 위한 작전명령서 '진다테서(じんだて書, 陳立書)'*를 내렸다.

* '진다테서'는 1584년 코마키 나카쿠테 전투에서 처음 만들어진 일본의 군사문서로, 상대와 아군의 세력을 살펴 효과적인 병력배치와 행군 순서 등을 정하는 작전서이다. 대규모 군세 유지에 적합한 명령 계통과 상하 질서를 담고 있다.

1592년 1월 작전명령서상 군 편제

[본대]

1번대 18,700명
선봉: 고니시 유키나가
부장: 마쓰라 시게노부, 아리마 하루노부,
오무라 요시아키, 고토 스미하루,
소 요시토시

2번대 22,800명
선봉: 가토 기요마사
부장: 나베시마 나오시게,
사가라 요시후사(나가쓰네)

3번대 11,000명
선봉: 구로다 나가마사
부장: 오토모 요시무네

4번대 13,500명
선봉: 모리 요시나리(모리 가쓰노부)
부장: 시미즈 요시히로, 다카하시
모토타네, 아키쓰키 다네나가,
이토 스케타카, 시마즈 다다토요

5번대 12,400명
선봉: 후쿠시마 마사노리
부장: 도다 가쓰타카, 조소카베
모토치카, 구루지마 미치후사

6번대 12,700명
선봉: 하치스카 이에마사
부장: 이코마 치카마사

7번대 15,700명
선봉: 고바야카와 다카카게
부장: 고바야카와 히데카네, 다치바나
무네시게(무네토라), 다카하시 도소,
쓰쿠시 히로카도

8번대 30,000명
선봉: 모리 데루모토

9번대 10,000명
선봉: 우키다 히데이에

[예비대]

10번대 17,550명
나가오카 다다오키, 난쵸 모토키요,
미야베 나가히로, 기노시타 시게카타 등

11번대 24,960명
아사노 나가요시, 오오타니 요시쓰쿠,
기무라 시게코레 등

12번대 10,000명
마에다 도시이에 등

13번대 6,450명
오카모토 시게마사, 히토쓰야나기 가유 등

14번대 13,750명
하시바 히데카쓰, 이토 모리카게 등

15번대 4,100명
히데노 다카아키, 모리 히데 등

16번대 12,050명
도쿠가와 이에야스, 다테 마사무네, 사나다
마사유키, 우우스기 가게카즈 등

수군 3,980명
와키사카 야스하루(1,500명), 가토 요시아키(750명),
구키 요시타가(1,500명), 간 미치나가(230명)

[번외]

1번 15,000명
하시바 히데야스

2번 6,200명
이시다 미쓰나리, 쿄코쿠 다카쓰구 등

본영대 29,000명
오다 노부카쓰 2,200명, 조총수 1,800명, 기마무사 12,000명,
후방부대 7,600명, 예비대 6,400명

《일본전사 조선역(日本戰史 朝鮮役)》, 참모본부(일제), 무라타서점(村田書店), 1924 참고.

합계 289,840명

1592년 3월 13일 일본군 고니시 유키나가의 부대는 나고야를 떠나 쓰시마로 향했다.

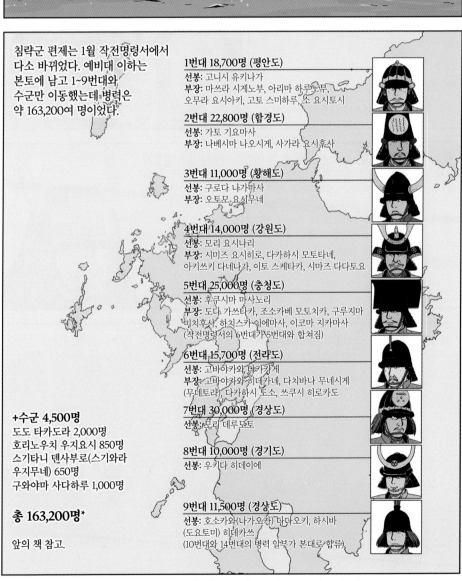

침략군 편제는 1월 작전명령서에서 다소 바뀌었다. 예비대 이하는 본토에 남고 1~9번대와 수군만 이동했는데 병력은 약 163,200여 명이었다.

1번대 18,700명 (평안도)
선봉: 고니시 유키나가
부장: 마쓰라 시게노부, 아리마 하루노부, 오무라 요시아키, 고토 스미하루, 소 요시토시

2번대 22,800명 (함경도)
선봉: 가토 기요마사
부장: 나베시마 나오시게, 사가라 요시후사

3번대 11,000명 (황해도)
선봉: 구로다 나가마사
부장: 오토모 요시무네

4번대 14,000명 (강원도)
선봉: 모리 요시나리
부장: 시미즈 요시히로, 다카하시 모토타네, 아키쓰키 다네나가, 이토 스케타카, 시마즈 다다토요

5번대 25,000명 (충청도)
선봉: 후쿠시마 마사노리
부장: 도다 가쓰타카, 조소카베 모토치카, 구루지마 미치후사, 하치스카 이에마사, 이코마 지카마사
(작전명령서의 6번대가 5번대와 합쳐짐)

6번대 15,700명 (전라도)
선봉: 고바야카와 다카카게
부장: 고바야카와 히데카네, 다치바나 무네시게 (무네토라), 다카하시 토소, 쓰쿠시 히로카도

7번대 30,000명 (경상도)
선봉: 모리 데루모토

8번대 10,000명 (경기도)
선봉: 우키다 히데이에

9번대 11,500명 (경상도)
선봉: 호소카와(나가오카) 단다오키, 하시바 (도요토미) 히데카쓰
(10번대와 14번대의 병력 일부가 본대로 합류)

+수군 4,500명
도도 타카도라 2,000명
호리노우치 우지요시 850명
스기타니 덴사부로(스기와라 우지무네) 650명
구와야마 사다하루 1,000명

총 163,200명*

앞의 책 참고.

* 미키 세이이치로의 〈진다테서의 성립을 둘러싸고〉(《나고야대학 문학부 연구논집》, 1992)에는 158,700명으로 나온다.

앞의 기록과 별개로 조선과 일본 양측의 임진왜란 초기 전투 기록에 명기된 장수들의 이름을 볼 때, 작전명령서에 기록된 수군의 편제가 누락되었을 확률이 높다.

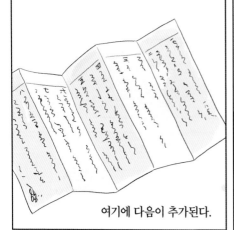

여기에 다음이 추가된다.

수군 3,980명
와키사카 야스하루(육장 출신) 1,500명
가토 요시아키(육장 출신) 750명
구키 요시타가 1,500명,
간 미치나가(스게 다쓰나가) 230명

여기에 미치유키, 미치후사 형제 700명이 또 추가된다.

또한 《일본전사》를 보면 조선 침략 후 각 지역을 점령한 일본 장수와 2차 진주성 전투에 참전한 장수 중에 1월 작전명령서 예비대의 구성원이 다수 등장한다(위의 수군 장수 이름 외에 미야베 나가히로, 기노시타 시게카타, 하세가와 하데카즈, 가토 미쓰야스, 이시다 미쓰나리, 다테 마사무네 등). 이들의 합이 56,000명에 이르니 실제로 왜군이 부산 지역을 점령한 후 추가로 참전했을 것이다.

이를 합하면 22만 명에 가까운 병력이다.

임진왜란의 주력으로 참전한 다이묘들의 영지는 규슈, 주고쿠, 시코쿠 지역에 집중돼 있다.*

주고쿠

시코쿠

규슈

* 이 지역은 임진왜란 때 일본군의 주력이었을 뿐 아니라, 메이지유신의 주도 지역(죠슈, 사쓰마, 도사)이자, 일본 군부의 핵심, 일제강점기 조선 총독의 산실이기도 하다.

규슈의 다이묘들은 경험이 많았던 고바야카와 다카카게와 모리 요시나리, 남부의 시마즈 요시히로 정도를 빼면 히데요시와 가까운 세력이기도 했을 뿐 아니라, 가장 혈기 왕성한 집단이기도 했다. 영지 확장 욕구, 히데요시와의 관계, 충성도 높은 젊은 피, 전쟁 물자 수급의 지리적 용이성 등 전쟁을 일으킬 경우 가장 치열하게 싸울 이유가 있었다.

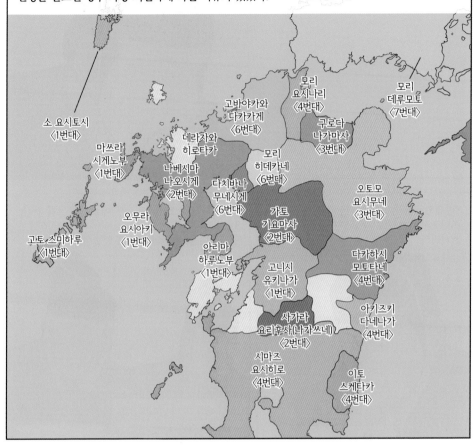

침략의 선봉대가 고니시 유키나가의 1번대였던 이유는 수군 장수로 참전한 시코쿠와 규슈 정벌에서, 히데요시와 군사 구로다 요시타카 사이에서 순발력 있는 전달자로 활약했던 덕분일 것이다. 또한 고니시의 사위인 요시토시가 쓰시마도주라서 조선에 익숙했던 것도 크게 작용했다.

고니시 유키나가(35세)

소 요시토시(24세)

2번대의 가토 기요마사는 히데요시와 가깝고
(기요마사의 어머니가 히데요시와 6촌) 조선 침략을
강하게 주장한 무단파(武斷派)로 호전적인 인물이었다.

가토 기요마사(31세)

3번대의 구로다 나가마사는 센고쿠 시대
히데요시의 책사로 활동했던 구로다
요시타카의 아들이었고

구로다 나가마사(24세)

4번대의 모리 요시나리는 히데요시의 고참 가신,
5번대의 후쿠시마 마사노리 역시 히데요시의
먼 친척으로 무단파의 대표 인물이었다.

후쿠시마 마사노리(32세)

모리 요시나리

6번대의 고바야카와 다카카게는 모리 가문 출신으로 지략과 경험이 풍부한 인물, 7번대의 모리
데루모토는 고바야카와 다카카게의 조카로 모리 가문의 당주였다.

고바야카와 다카카게(59세)

모리 데루모토(39세)

8번대의 우키타 히데이에는 히데요시의 양자이자 일본군 총사령관, 9번대의 호소카와 다다오키는 무로마치 쇼군가를 지탱하던 호소카와 가문의 당주였다.

호소카와 다다오키(29세)

우키타 히데이에(19세)

거제

오우라(大浦)

쓰시마

후추우라(府中浦)

이키

나고야성

나고야성을 출발한 당일인 1592년 3월 13일 고니시 유키나가, 마쓰라 시게노부 등의 1번대 12,700여 명은 쓰시마의 후추우라에 상륙했다.

여기에 쓰시마에서 기다리던 도주 요시토시의 군사 5,000여 명이 합류, 1번대의 병력은 18,000명에 이르게 됐다.

이들은 한 달* 가까이 쓰시마에 머물며 날씨와 바닷길을 파악하고, 병선과 군대의 편제를 정리했다.
일본군 1~4번대는 각각 쓰시마와 이키섬 등으로 분산해 대기했다.

* 히데요시의 작전명령서에는 "이키섬과 대마도를 경유해 이동하되 순풍이 불 때를 기다릴 것, 날씨가 좋지 않을 때 도해하다 사람 하나라도 잃거나 날씨가 좋을 때 도해하지 않아도 처벌할 것"이라고 나와 있다.

1592년 4월 13일 오전 8시경 쓰시마 북쪽 끝의 오우라를 출발한
고니시 함대 700여 척*은 약 9시간 만인 오후 5시경
부산 앞바다에 모습을 드러냈다.

고니시 유키나가의 1번대 병력 18,700명이
절영도를 경유해 다음 날 4월 14일 부산포로
침략해 들어온 이후

4월 18일에는 가토 기요마사와 나베시마
나오시게 등의 2번대 22,800명이 부산포로,

19일에는 구로다 나가마사, 오토모
요시무네 등의 3번대 11,000명이
가덕도로,

고바야카와 다카카게의 6번대 15,700명, 모리
데루모토의 7번대의 선발대 3만 명도 19일
부산으로 침략해 왔다(후발대는 5월 중순
낙동강을 이용해 동래 부근 침략).

* 《서정일기》에 기록된 병선 수 인용. 《서정일기》의 저자 덴케이는 교토의 승려로 임진왜란 동안 쓰시마도주 소 요시토시의 종군승려였다.
이때 부산에 머물며 견문을 기록한 《서정일기》를 썼다.

4번대 병력은 먼저 4월 중순 모리 요시나리 등의 선발대 4,000명이,

그다음 5번대 후쿠시마 마사노리, 조소카베 모토치카 등의 25,000명이 나누어 상륙했다.

4월 24일에는 호소카와 다다오키*와 하시바 히데카쓰**의 11,500명의 9번대가,

5월 3일에는 시마즈 요시히로의 4번대 후발 주력, 1만 병력과 우키다 히데이에의 8번대 1만 병력이 부산을 침공했다.

* 호소카와 다다오키군은 6월 17일 조선에 들어왔다는 주장도 있다.
** 오다 노부나가의 아들로 도요토미 히데요시의 양자가 되었다.

고니시군이 모습을 드러낸 13일, 절영도에 사냥을 나갔던 부산진첨사 정발은 급히 부산진성으로 돌아가 군사를 대기시켰다.

첨사 나리! 왜선 90여 척이!

부산진첨사 정발(39세)

일본군 침략 초기 경상좌수군이 해전에 참여하지 않은 이유를 알려면 당시 군세와 지리적 여건을 이해해야 한다.

왜선이 500여 척으로 늘어났습니다!

조선 후기 수군은 각 관, 포진에는 2척, 본영에는 4척의 전선을 보유하게 돼 있다. 즉, 당시 정발이 있는 부산포에 배치된 전선은 2척 남짓으로 추정된다.*

부산포에서 가까운 포진인 서평포와 다대포, 경상좌수영(해운포)에 있는 전선을 합쳐도 10척 전후이며, 근처 두모포, 기장현 보유 전선의 지원을 받기에는 거리가 멀고(전선의 속도를 가정하면 출항 후 4~5시간 소요) 해로도 이미 왜선에 장악당했을 것이다.**

두모포 2척

기장현 2척

경상좌수영 4척

부산진성 2척

서평포 2척

다대포 2척

일본군 1번대 700척

* 남원의병장 조경남은 《난중잡록》에서 당시 부산포의 보유 병선을 전선 1척, 방패선(판옥선보다 작은 병선) 1척, 중선 1척으로 적시했다.
** 일본이 부산포를 첫 목표로 택한 것은 조선의 사정을 잘 알고 있었기 때문으로 보인다. 부산포는 경상좌수영·우수영의 경계에 있고, 대규모 병력 상륙이 용이하고, 주둔군이 없는 절영도를 기착지로 삼을 수 있다. 또 전투가 개시되면 다대포와 가덕도의 지형 특성상 포진을 두기 어려워 좌우 포진의 도움을 받기 힘들다. 이런 특성 때문에 임진왜란 후 뒤늦게 경상좌수영의 축산포, 철포, 김포, 개운포 등이 부산포 근처로 옮겨졌다.

게다가 동풍이 불어 역풍까지 받으며
2~16척으로 일본 군선 700여 척에
둘러싸인다면 30분은 버틸 수
있었을까.

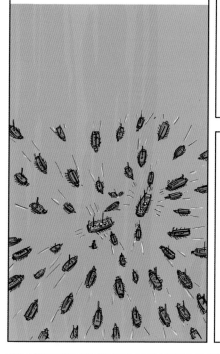

결국 경상좌도, 특히 부산포와 다대포의 수군은
일본의 침략과 동시에 불가피하게 전원 육군으로
전환되어 수성전에 투입되었다.

조선은 통신사를 파견하고도 일본의
군사력을 거의 파악하지 못했음은 물론,
한나절 거리에 있는 쓰시마에 한 달 동안
대규모 병력이 집결했던 것도 눈치채지
못했다.

14일 오전 6시경 일본군이 부산진성을
공격하기 시작했다. 정발의 부산포진 병사들
(600~800명 정도로 추정)은 치열하게
싸웠으나

1만 8,000명이라는 병력과 조총 부대의 공격을
감당하는 것은 양적으로나 질적으로나
불가능했다.

"이튿날 새벽에 적이 성을 백 겹으로 에워싸고 서쪽 성 밖의 높은 곳에 올라가 포를 비 오듯 쏘아 대었다. 정발이 서문(西門)을 지키면서 한참 동안 대항하여 싸웠는데 적의 무리가 화살에 맞아 죽은 자가 매우 많았다. 그러나 정발이 화살이 다 떨어져 적의 탄환에 맞아 전사하자 성이 마침내 함락되었다." -《선조수정실록》 선조 25년 4월 14일

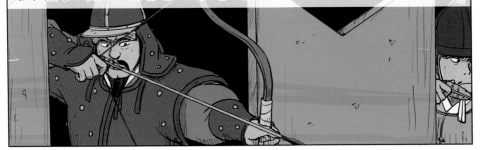

"음력 4월 12일, 고니시 유키나가가 이끄는 제1진이 부산포에 도착하여 이날 밤은 절영도에 머물렀고 소 요시토시는 조선 측과의 교섭을 위해 먼저 상륙하였다. (…) 성안의 조선인들은 실로 끈기 있고 과감하게 저항하여 전투는 3시간 가까이 계속되었다. (…) 조선인들은 용감한 전사이며 국왕에 대한 충성심이 대단하였으므로 거의 전원이 전사할 때까지 싸웠고 그중 포로가 된 사람은 소수였다." -《일본사》, 루이스 프로이스*, 1597

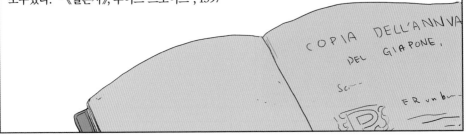

"조선인들은 일본군을 기다리고 있던 듯, (…) 조총(승자총통이나 소승자총통으로 추정), 불화살, 반궁 및 전투 도구를 갖고 진을 치고 있으니 그 위용이 대단했다. (…) 그러나 아군은 그런 애원을 받아들이지 않고 베어 버리거나 밟아 죽이고, 군신(軍神)에게 바치는 피의 제물이라며 남자, 여자, 개, 고양이 가리지 않고 모두 죽여 버렸다. 적의 목을 벤 것이 3만여 급에 이른 듯했다."**
-〈요시노 진고자에몬 비망록〉, 요시노 진고자에몬***, 김시덕 옮김, 《문학과 해석》 63호, 태학사, 2013

* 포르투갈 출신의 예수회 선교사로 1563년 선교를 위해 일본에 입국하여 1597년 나가사키에서 사망할 때까지 《일본사》를 저술했다. 《일본사》에는 임진왜란 기록도 현장감 있게 남아 있다. 임진왜란에 참전한 크리스천 다이묘는 고니시 유키나가, 아리마 하루노부, 고토 스미하루, 소 요시토시 (이하 1번대)이고 1번대 오무라 요시아키, 3번대 구로다 나가마사와 오토모 요시무네는 아버지가 크리스천 다이묘(본인도 그랬을 것으로 추정)였다.
** 당시 부산진의 조선군 병사는 수백에서 1,000여 명 정도였으므로 나머지는 모두 민간인 학살이었을 것이다.
*** 1번대 마쓰라 시게노부의 군인이었을 것으로 추정된다.

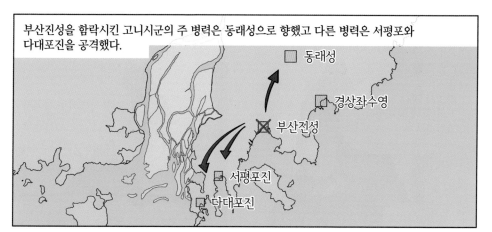

부산진성을 함락시킨 고니시군의 주 병력은 동래성으로 향했고 다른 병력은 서평포와 다대포진을 공격했다.

동래성

경상좌수영

부산전성

서평포진

다대포진

다대포진에서는 첨사 윤흥신의 지휘 아래 일본군의 공격을 하루 동안 막아 냈지만*

2일째인 15일 결국 함락됐다.

"왜적이 성을 포위하자 힘껏 싸운 끝에 적을 퇴각시켰다. 그 부하가 이르기를 '내일 적이 큰 세력을 끌고 와서 공격한다면 반드시 지탱하기 어려울 것입니다. 성을 나가 피하는 것이 낫겠습니다.' 하자 흥신이 이르기를 '죽음이 있을 뿐이다. 어찌 차마 간다는 것인가?' 하였다. 적이 과연 크게 이르렀는데, 군졸이 모두 도망쳤고 윤흥신은 홀로 남아 온종일 활을 쏘다가 성이 함락되면서 죽었다."

- 〈난후조망록〉,《팔곡집》, 구사맹

八谷集

한편 동래부사 송상현은 지역의 백성, 주변 제진의 군사와 더불어 동래성에서 방비 태세에 들어갔다.**

* 윤흥신의 다대포 수성 전투를 임진왜란 첫 승전으로 분류하기도 한다. 서평포진은 방어를 할 수 있는 진성 구조가 아니었을 것으로 추측하며, 서평포진의 군사들은 다대포진에 합류했거나 외부에서 일본군에 전멸당했을 수 있다.
** 경상좌병사 이각, 양산군수 조영규, 울산군수 이언함 등의 소속 부대로, 일정 거리가 있는 이들 부대가 당시 상당히 빨리 동래성으로 이동했다는 것은 제승방략 체제에 근거해 약속된 움직임이었다는 추측을 할 수 있다. 또한 일반적으로 경상좌수영 소속으로 알려진 울산군수 이언함의 동래성 이동은 더 분석할 여지가 많이 남아 있다.

이때 경상좌도병마절도사(이하 경상좌병사) 이각도 동래성으로 이동했다가 부산성이
함락되었다는 소식을 듣자 돌변했다.

좌병사 영감.
저와 함께 동래성을
지킵시다.

부사께서는 성에서
싸워 주시오.

동래부사
송상현(42세)

경상좌병사
이각

나는 소산역*에서
응전하겠소.

왜군의 규모가 큽니다.
같이 힘을 합쳐야…

아, 그건 안 되오.

이각은 동래성을 빠져나와
소산역으로 향했다.

근래 활발해진 임진왜란 초기 전투 연구에 의하면, 경상좌도는 전투 결과와
별개로 신속한 상황 보고와 명령 전달로 병력을 이동하며 전란에 대응했음이
증명됐다. 경상좌병사 이각, 경상좌수사 박홍, 경상감사 김수 등의 장계와
신속한 군 편제가 계속 이어졌다. 다만 장수들이 전투를 기피하고
이동하면서 소식을 전했기에, 도망쳤다는 세간의 평가는
면하기 어려울 것으로 보인다.

• 지금의 부산광역시 금정구 선동 부근. 당시 동래를 경유해 북상할 때 반드시 거쳐야 했던 요지로 보인다.

부산진성이 함락된 당일 고니시 1번대와 합류한 병력* 3만 명이 동래성을 에워쌌다.

동래성 병사들은 치열하게 맞서 싸웠으나 2시간 만에 함락되고 말았다.

일본 측 기록에 의하면 동래성 전투에서 전사하거나 학살당한 조선 병사와 백성은 3,000~5,000명이었다.

2005년 부산 지하철 3호선 수안역사의 공사 현장에서 동래성 전투의 유물이 대량 발굴되었다. 동래성 해자 유적에서 발굴된 유골 중에는 조총에 맞은 5세 미만의 어린이 두개골과 일본도에 의해 이마뼈가 잘린 20대 여성의 두개골도 발견되었다.

 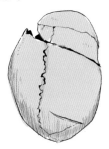

* 일본 수군 및 예비대로 추측.

왜군의 침략 소식에 경상좌수사 박홍은 전선과 화포를 자침시키고 군량을 불태운 뒤 진작 도망갔고

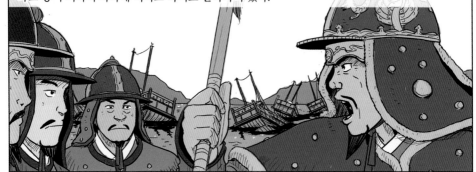

경상우수사 원균 역시 경상우수군 1만 명을 해산한 뒤 전선 100여 척을 자침시키고*, 화포 등 무기까지 바다에 버리고 육지로 달아나려 했다.

이에 옥포만호 이운룡, 소비포권관 이영남 등 부하들이 만류하자

| 옥포만호 이운룡(31세) | 소비포권관 이영남(30세) |

휘하 장수 일부를 거느리고 남은 판옥선 4척**을 타고 서쪽으로 이동했다.

* 《징비록》에는 100척, 《이충무공행록》에는 73척이라고 나온다. 8관 19포의 경상우수군은 통상 전선만 해도 최소 50~58척을 보유하고 있어야 정상이다. 경상좌수영, 우수영의 신속한 전선 자침은 전란 시 약속된 지침이었을 가능성도 있다. 그러나 초기에 군을 통제하지 못하고 병력을 해산한 것은 물론, 전선을 이동시킬 격군조차 남기지 못했다면 원균의 우수군 운용은 임진왜란 초기의 최대 패착이라고 할 만하다.
** 《이충무공행록》에는 이운룡과 우치적이 각각 탄 전선 2척과 원균이 탄 작은 배 1척, 이순신이 바닷길에 익숙한 이영남에게 준 전선 1척으로 나온다.

15일에는 기장과 경상좌수영 본영이 있는 해운포가, 16일에는 양산읍성이 일본군에 점령당했다.

⊠ 양산읍성

⊠ 해운포(경상좌수영 본영)

밀양부사 박진은 병사 500명을 이끌고 이동하다가 소산역 부근에서 이각의 부대를 만났다.

밀양부사
박진(32세)

그렇다면 제가 작원의 좁은 길을 방어하겠습니다.

공께서는 후위에 계시다가 제가 위태롭거든 달려와 도와주십시오.

알겠네. 믿으시게.

경상좌병사
이각

그러나 양산을 넘어오는 일본군의 규모를 본 이각은 지원 약속을 어기고 다시 달아나 버렸다.

싸움의 때를 알아야 명장!

이각이 도망가자 박진도 황산의 잔교로 후퇴해 싸웠으나, 군관 이대수와 김효우가 죽자 밀양성으로 돌아가 병기와 군량을 불태우고 왜군 사이를 돌파해 산으로 들어갔다.

부사 나리. 후방의 좌병사 영감 부대가 사라졌습니다!

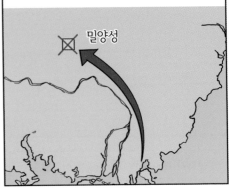

17일 밀양성은 저항 없이 고니시군의 수중에 넘어갔으며

밀양성

김해성에서는 김해부사 서예원이 초계 군수 이유검을 부르고 인근 의병과 함께 1,000여 명의 병력으로 일본군(3번대 구로다 나가마사)의 공격을 세 차례 방어하는 데 성공했으나

김해성

야밤에 순찰을 핑계로 이유검이 먼저 도망치고, 서예원도 이유검을 잡으러 간다는 핑계로 달아나면서 성이 함락됐다.*

에~ 빼앗긴 성이야 나중에 되찾으면 되지만, 달아난 장수는… 아니, 그게 아니고…

김해부사 서예원(45세)

20일에는 청도, 대구에서 일본군이 사실상 비어 있는 읍성에 무혈입성했다.

대구읍성(4월 20일)

청도읍성(4월 20일)

밀양읍성(4월 18일)

양산읍성(4월 17일)

동래읍성(4월 15일)

부산진성(4월 14일)

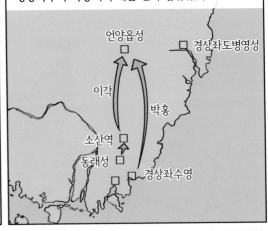

한편 도망의 달인 경상좌병사 이각은 언양에서 경상좌수사 박홍의 부대를 만나 합류했다.

언양읍성

경상좌도병영성

이각

박홍

소산역

동래성

경상좌수영

* 경상우병사였던 조대곤은 전쟁 직전 해임됐지만 근처에 있었으나 돕지 않았다. 이 중요한 시기 선조가 전쟁의 책임을 물어 신임 경상우병사 김성일을 소환하는 통에 경상우병사 자리는 유숭인으로 바뀌었다. 김성일이 초유사로 다시 내려올 때까지 경상우도의 육군의 총책임자는 사실상 공석이었다.

하지만 이각은 언양읍성에서 다시 나와 자신의 본영인 경상좌도병영성으로 돌아갔다.

본영을 점검할 의무가 있지.

본영으로 가 보니 13개읍 병사들이 모여 있었고, 안동판관 윤안성*이 동문을 지키고 있었다.

저 인간 저거 벽창호인데…

이각은 다시 도망칠 궁리를 했다.

성 밖으로 나가서 진을 치세.

불가합니다. 스스로 성을 버리고 어찌 왜적과 싸움이 되겠습니까?

경상좌병사 이각

안동판관 윤안성(53세)

음… 그래? 그럼…

내가 군사를 이끌고 성 밖으로 나가 있다가 왜적을 기습하겠네. 자네의 정병(精兵)을 나에게 주게.

이것이 성안과 성 밖이 호응하는 기병지계(奇兵之計)가 아니겠나?

....

이렇게 윤안성을 속인 이각은 창고에 있는 무명 1,000필을 챙기고 자신의 첩과 함께 새벽을 기해 달아났다.

싸움의 때를 알아야 녕상!

* 당시 남원부사 문관 윤안성(50세)과는 다른 인물이다. 판관은 각 도의 감영, 고을의 종5품 벼슬로, 부윤이 겸직일 경우 판관이 고을 업무를 맡았다.

윤안성의 눈치를 보던 경상좌병영 우후 원응두 또한 따라 도망치니 경상좌도 본영과 13개 읍 각 진의 병사들은 대혼란 속에 우왕좌왕 흩어졌다.

경상좌병영 우후
원응두(49세)

18일 상륙한 가토 기요마사 2번대는 기장을 거쳐 언양으로 향했다.

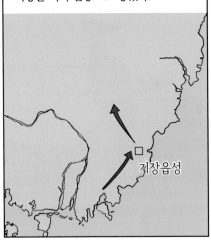

기장읍성

한편 경상감사(경상관찰사) 김수는 진주성을 떠나 동래로 지원을 가다가

철원

함안

진주성

일본군이 이미 동래성을 지나 곳곳에 퍼져 나가고 있다는 전황을 듣고 진주로 돌아갔다.

17일 경상좌수사 박홍의 장계가 처음으로 조정에 전달됐다.

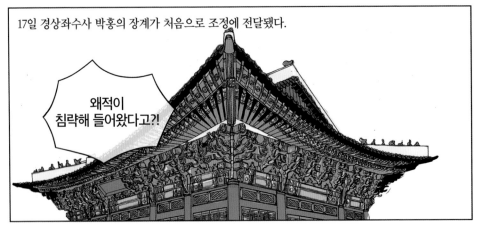

왜적이
침략해 들어왔다고?!

140

비변사와 대신들이 빈청에 모여 급히 선조를 찾았으나

전하! 경상좌수사의 급보입니다. 왜적이 부산포 앞바다를 침략했다 합니다.

선조는 만나 주지 않았다.

이어 왜적의 규모가 1만 명 이하라는 경상우병사 김성일의 장계가 도착하자 대신들도 잠시 안도하는 듯했으나

왜적이 1만 명이 안 된다면 어떻게든 막을 수 있지 않겠소?

곧 경상좌수사 박홍의 두 번째 장계가 조정에 도착했다.

높은 곳에 올라가 바라보니 붉은 깃발이 성안에 가득하므로 이것을 보고 성이 함락된 줄 알았습니다.

그러자 대신들은 만나 주지 않는 선조에게 대신 글로 주청해 경장들을 남쪽으로 파견했다.

상황이 매우 급박하오.

주상전하께 올려드리겠습니다.

이일을 경상도순변사, 성응길을 좌방어사로,
조경을 우방어사로 내려보낼 준비를 하고

순변사
이일(55세)

좌방어사
성응길

우방어사
조경(52세)

유극량을 조방장으로 죽령에,
변기를 조방장으로 조령에 파견하고
강계부사 변응성을 경주부윤*으로 삼았다.

조방장
유극량

조방장
변기

경주부윤
변응성(41세)

이일이 날쌘 군사 300명을 선발해 먼저
전장으로 데려가려 했으나

도성에 군사로 삼을 만한 사람이 없어
3일이 지체된 뒤에야 겨우 60여 명의 병력
(주로 군관급이었을 것으로 추정)만 데리고
남쪽으로 출발했다.**

20일에는 경상감사 김수의 공문이 조정과 각지에 전달됐다.

"경상감사가 전달하는 일입니다. 흉악한 왜적이 어제 밀양에서
성을 함락시킨 다음 또 영산에 침범하고 곧장 성주(星써) 길로
향했는데, 이어 대구 길로 올라갈지는 미리 알 수 없습니다.
현풍, 창녕 등지의 공사 집들은 다 비어 있고, 본도의
각 병영에서는 모두 우관 운봉현에 달려가 보고했습니다."
-《난중잡록》1권, 임진년 4월 19일, 조경남

* 부윤은 지방 행정단위인 부(府)를 총괄하는 종2품 문관직이다. 1592년을 기준으로 평양, 경주, 전주, 함흥, 광주(경기도), 의주 6곳에만 있었던
지방 고위직이며 전주·평양·함흥 부윤은 관찰사를 겸직했다.
** 파견되는 경장은 지방군에 대한 지휘 통제가 목적이므로 한양에서 출발할 때 많은 군사를 대동하지는 않았다. 조선 전기 외적 침입 시 경장이
거느리고 출발한 군사가 50~100여 명인 것을 감안하면 특별히 적은 숫자는 아니다. 하지만 임진왜란은 전면전이다.

이날 병조판서는 홍여순에서 김응남으로 교체되었고

병조판서
김응남(47세)

류성룡이 도체찰사가 되어 김여물 등 병력 80여 명을 확보했다.

이때 한성판윤 신립이 나섰다.

병사를 데려가지 못한 이일이 고립될 것입니다.

체찰사(류성룡)께서는 전쟁을 아는 장수가 아닙니다. 용맹한 장수를 급히 보내 응원해야 합니다.

류성룡에게 청원한 신립은 도순변사로 임명되어 방어군을 운용할 준비를 했다.

도순변사
신립(47세)

경장의 직책과 품계는 다음과 같다. 지방 수령과 경장의 품계가 같을 경우 통상적으로 경장이 더 높은 지휘권을 발휘한다.*

도체찰사(정1품), 체찰사(세조 때 칭호가 사라졌다가 성종 때 부활, 종1품)
도순찰사(정2품), 순찰사(종2품)는 문관이 담당
도순변사(정2품), 순변사(종2품)는 무관이 담당
방어사(종2품) 병, 수사를 역임한 사람
조방장(정3품) 병, 수사를 역임한 사람(성종 이전에는 조전상이라 호칭)
도원수(《경국대전》에 없는 전시 임시직, 조선 초기 정1품, 조선 후기 정2품)
부원수(《경국대전》에 없는 전시 임시직, 조선 초기 종2품, 조선 후기 없음)

* 〈조선전기 유사시 지방군의 지휘체계: 중앙 군사지휘관의 파견과 관련하여〉, 《사학연구》 63호, 서태원, 2001 참고.

그러나 군사가 없었다.

신립 역시 직접 대궐 밖으로 나가 도성의
무사를 모집했으나 따르는 이가 없었다.

전쟁의 조짐이 보인 지 최소 1년, 길게는 5년이었다는 것을 고려하면 참담한 현실이었다.

딴소리다.
그 창으로
전쟁?

1587년
다치바나 야스히로

이게
조총입니다.

1589년
소 요시토시, 겐소

전쟁
납니다.

안 납니다.

1590년 조선통신사
황윤길, 김성일

이때 조선군의 실정에 대해서는
강항의 《간양록》에도 나와 있다.

"한 사람의 장군이랬자 제 직속군이 없고,
졸병들에게도 통솔자가 일정하지 않습니다.
한 고을 백성으로 절반은 순찰사에 속하고
절반은 절도사에 속하기도 하며,
한 졸병의 몸으로 아침에는 순찰사에 붙었다가
저녁녘에는 도원수를 따르기도 합니다."*

이는 1593년 새로운 병역 체제인 훈련도감**
을 설치하는 계기가 되기도 했다.

직업군인!
노비라 승려도 가능!
한 달 월급은
쌀 여섯 말!

훈련도감군
모집!

---

* 군사적 경험이나 지식이 없는 지방의 수령까지 유사시 군사적 지휘를 해야 했던 조선 전기에는 제승방략의 경장 파견으로 군사적 능력의 공백을 채웠다. 이는 이론적으로 유효했으나, 기본적으로 전비가 허술했고 전면전 시 대응에서 문제가 노출됐다.
** 조선 후기에는 한양 도성의 훈련도감 병력이 많이 늘어났는데 이들이 생계를 위해 장사를 하면서 상인들과 마찰을 빚기도 했다.

훈련도감은 임진왜란 발발 이후 뒤늦게 장수 낙상지*의 건의에 류성룡과 선조가 호응하면서
설치되었고, 초기 대응 과정에 도성의 병사를 모으지 못했던 것도 영향을 크게 미쳤을 것이다.

조선도 전문 직업
병사를 만드는 게
좋겠습니다.

《징비록》에 의하면 신립은 도체찰사가 된 후 결국 류성룡이 확보했던 김여물 등 소수 병력만
데리고 남쪽으로 향했다.

다만 《선조수정실록》에는 이렇게 서술돼 있다.

"신립이 거느린 것은 도성의 무사, 재관(材官)과 외사(外司)의 서류(庶流), 한량인(閑良人)으로
활을 잘 쏘는 자 수천 명이었다. 조관(朝官)으로 하여금 각기 전마 한 필씩 내어 돕도록 하여
떠나보냈는데, 인근 고을에서 거둔 군사는 겨우 8,000명이었다."
- 《선조수정실록》 26권 4월 14일

* 명나라 신기영좌참장이었던 낙상지는 남병 3,000명을 이끌고 참전했다. 당시 낙상지, 오유충, 왕필적이 이끌던 남병은 용맹하고, 군기가 잘 잡혀 있어
조선 백성들을 약탈하지도 않았다. 또한 군사적으로 조선에 많은 도움을 제공했기에 조선 조정의 신뢰가 깊었다.

한편 경상우병영에서 물러나 함안에서 전란에 대응을 준비하던 경상우병사 김성일은 의금부 도사에게 체포됐다.

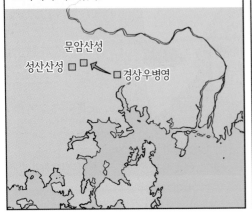

전날 통신사로 일본에 다녀와 전란이 없을 것이라고 보고해 나랏일을 그르쳤다는 죄목이었다.

전쟁 발발 소식을 접한 선조가 한동안 신하를 만나길 거부한 일이나, 경상도에서 전투가 벌어지는 와중에 서둘러 경상우병사라는 중요직에 있는 김성일을 체포한 것을 보면 선조가 얼마나 분노해 있었는지 알 수 있다.

김성일이 체포되자 경상우병영 우후 이협, 창원부사 장의국은 함안의 성을 버리고 도망갔다.

창원부사
장의국(56세)

경상우병영 우후
이협(41세)

김성일이 도성을 향해 압송당하던 중 직산에 이르렀을 때, 선조는 갑자기 마음을 바꿨다.

146

선조는 김성일에게 초유사 직함을 내렸다.

김성일은 다시 남쪽으로 향했다.

함안군수 유숭인이 김성일의 빈자리인 경상우병사로 임명됐다.

경상우병사
유숭인(28세)

60여 명의 군사만 데리고 남하하던 순변사 이일은 경기도와 충청도 지방을 경유하면서 군사 4,000여 명을 더 모았다.*

문경 남쪽의 수령들은 경상감사 김수의 명을 받아 제승방략 분군법(分軍法)에 의거해 군대를 이끌고 대구에서 노숙하며 이일을 기다렸는데

며칠이 지나지 않아 큰비가 내리고 이일과 군량이 도착하지 않자 수령과 병사들은 모두 흩어졌다.**

* 《선조수정실록》임진년 4월 14일에는 이일이 병사 4,000명을 수습했다고 적혀 있다. 제승방략 분군법에서는 경장이 금군(禁軍, 임금과 궁을 호위하는 병사) 일부와 중앙의 정예병(주로 장수)을 대동해, 역로(驛路)를 경유하면서 집결지에 대기 중인 군사와 군수를 받아 가며 이동한다.
** 전쟁 발발 초기 경상도의 군 체제는 진관제 혹은 북방식 제승방략 체제였다. 대구로의 집결은 전쟁 중 경장이 파견되어 즉시 지휘권을 행사하는 임진왜란 최초의 남방식 제승방략이었으나 결과는 실패였다. 한양에서 번상(番上, 교대 근무)에 참여하지 않는 중앙군을 소집하고, 충청도를 돌며 지방군을 추가 모집해 대응하기에는 일본군의 규모도 크고 속도도 너무 빨랐다.

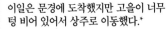

이일은 문경에 도착했지만 고을이 너무 텅 비어 있어서 상주로 이동했다.*

상주에 도착해 보니 상주목사 김해**는 핑계를 대며 병사를 데리고 노음산으로 달아나 버린 후였고, 제승방략에 따른 병력이 모여 있지 않았다.

순변사가 오신다니 마중 나가겠다.

상주목사 김해(59세)

목사 영감. 그쪽으로 가시면 산입니다.

이일이 판관 권길을 참하려 했더니 그제서야 이일의 비장 권유현과 같이 나가 두메산골까지 뒤져 수백 병사를 모아 왔다. 하지만 이들은 산으로 피신한 평범한 농민이었다.

이일은 창고의 곡식을 내서 유인해 백성들을 더 모집했다. 800~900명이 추가되었지만, 방어전을 앞두고 단순히 머릿수를 늘리는 의미 이상은 아니었다.

그렇게 경기, 충청, 상주를 거쳐 모은 병사는 6,000명*** 가까이로 늘어났다.

* 당시 경상도에서 한양으로 이어지는 길은 그림과 같이 문경에서 한 번 모이고, 충청도에서 이어지는 길은 충주에서 다시 모인다. 산으로 둘러싸인 조령산 인근은 소수의 병력이 방어하기에 최상의 길목이자 도성을 방어하는 최후의 보루였던 셈이다.
** 상주목사 김해는 경상감사 김수의 명을 받아 함창현감 이국필과 남쪽으로 향하던 중, 칠곡 석전리에서 피난 중인 조선 백성을 일본군으로 오인해 도망쳐 돌아온 상태였다.
*** 《선조수정실록》에는 6,000명, 《징비록》에는 800~900명, 프로이스의 《일본사》에는 2만 명으로 기술. 6,000은 조방장 변기의 후속 부대가 포함된 숫자일 수 있다.

4월 21일에는 경주성이 가토 기요마사의 2번대에 함락됐다.*

경주부윤 윤인함**은 일본군이 오기 전에 포망장(도망간 병력을 잡는 장수) 직을 수행한다고 성을 나왔고

경주부윤
윤인함(62세)

대신 지키던 경주판관 박의장과 장기현감 이수일은 경주성을 지키고 있다가 일본군의 투항 권고가 전달되자 저항도 없이 달아났다.

장기현감
이수일(39세)

경주판관
박의장(38세)

가토는 경주성을 불태웠고***, 22일에는 영천군수 김윤국이 달아나 비어 있는 영천성(전란에 대비해 신축했던 성이다)에 무혈입성했다.

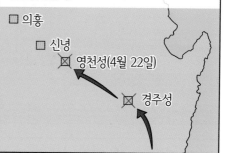

□ 의흥

□ 신녕

☒ 영천성(4월 22일)

☒ 경주성

22일 임진왜란이 발발한 지 8일 만에 유생 곽재우가 심대승, 박필 등 의령 장사들과 친족, 하인 들을 모아 임진왜란 첫 의병을 일으켰다. 《선조실록》에서 김수의 보고에는 4월 20일로 나온다.

곽재우(41세)

심대승(37세)

성스러운 조정에서 200여 년 동안이나 신하들을 길러 왔건만, 갑자기 위급한 사태가 일어나자 모두 자신을 보전할 계책이나 찾고 임금의 난경(難境)은 돌보지 않으니, 지금 만약 초야에 묻힌 몸이라 하여 일어나지 않는다면 전국 300주(州)를 통틀어 남자란 하나도 없는 결과가 될 것이다. 어찌 만고의 수치가 아니겠느냐!

* 가토군이 임란 초기 기장과 울산을 경유했는지는 확실하지 않다. 《징비록》에는 기장과 울산이 침공로로 언급되는 것으로 보아 부대를 나눠서 이동했을 가능성이 높다.
** 도성에서 전쟁 발발 소식을 듣고, 강계부사 변응성을 뒤늦게 경주부윤으로 교체하였으나 아직 이임이 이루어지지 않았다.
*** 가토 기요마사의 서기였던 시모카와 효타유가 쓴 《기요마사 고려진 비망록》에는 경주에서 조선인 수천 명을 죽이고 일본에 보고했다고 나온다.

곽재우는 의령, 초계, 기강의 창고 곡식과 조세미를 풀어 의병들의 군량미로 삼았는데 경상감사 김수 등은 이를 도적 떼로 판단했다.

후에 오해를 풀고 곽재우를 격려한 이는 초유사 김성일이었다.*

이일은 상주 북천에서 병사를 훈련시키고 있었다.**

천봉산

저녁때 개령의 백성 한 명이 찾아와 얘기하는데

왜군이 근처까지
와 있습니다!

이일은 다음 날인 4월 25일 아침까지 기다렸다가 병사들을 현혹했다는 이유로 사형시켰다.

* 전쟁 초기에 김성일이 초유사로서 의병의 가치에 대한 조정의 입장을 정리해 주었기에 곳곳에서 후속 의병이 봉기할 수 있는 명분이 될 수 있었다.
** 준비 안 된 병사들로 당장 방어전을 치러야 하는 상황인데 인근 읍성이나 산성에서 수성전을 준비하는 것이 아니라 평지인 북천 앞에서 군사훈련을 시켰다는 것은 경기도와 충청도에서 데려온 기병을 위주로 전투를 치르려 했던 것으로 보인다.

이일은 백성을 참한 이후에도 척후를 두지 않아 상주 남쪽 20리 부근(오늘날 낙동면 내곡리 부근으로 추정)에 고니시군이 주둔하고 있음을 알지 못했다.*

같은 날 상주 북천에 머물던 이일의 부대는 고니시군이 좌우로 둘러싸 습격하자 제대로 저항해 보지도 못하고 살육당했다.

군관 박정호, 홍문관 교리 박호·윤섬, 병조좌랑 이경류, 판관 권길, 사근찰방 김종무 등이 모두 사망했으며, 후방에서 합류하던 조방장 변기의 부대도 패퇴했다.

이일은 군관 한 명, 노비 한 명과 함께 맨몸으로 도망갔다.

* 상주성에 연기가 피어오르자 이일은 그제야 군관 박정호를 척후로 보냈는데, 곧바로 전투가 시작되면서 박정호가 가장 먼저 죽었다.

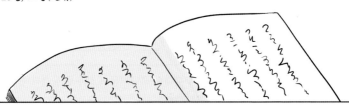

"적의 기세가 하늘을 찌르고 용맹함이 남보다 배나 더한 데다 난사하는 총탄이 사방에서 쏟아지니, 아군은 기세가 꺾여 쓰러지고 모두 다 물러나 위축되어 죽기를 각오할 뜻이 전혀 없었으니, 비록 활과 화살을 가졌을지라도 백 발 중에 한 발도 쏘아 보지 못했으며, 서로 접전한 지 오래지 않아 곧바로 기왓장 깨지듯 흩어졌소."
-《임진일기》* 4월 25일, 조정(趙靖)

이일은 1588년 병서《제승방략》을 저술한 이였다.

실전과 이론을 모두 갖춘 군사 전문가 이일이 상주에서 척후병을 세우지 않았다는 대목은 이해가 가지 않는 부분이다.

군관 정기룡은 우방어사 조경의 부대에 합류한 뒤 돌격장을 자청했고

정기룡(31세)

수십 기의 기마병을 얻어 남쪽으로 향했다.

* 임진왜란 때 상주의 선비였던 의병장 조정이 1592년 4월 14일부터 12월 27일까지 전란의 상황을 현장감 있게 기록한 일기. 해당 부분은 후속으로 합류하던 방어사 변기의 병사가 산길로 패퇴하면서 피난 중이었던 조정과 대화한 내용이다.

4월 23일 정기룡의 기마대는 신창에서 경상우도로 진격하는 모리 요시나리의 4번대의 선봉 500여 명을 습격해 승리했고*

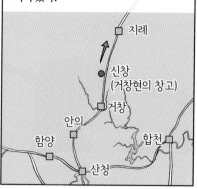

수천 명이 넘는 후발 부대가 쫓아오자 퇴각했다.

지례

신창
(거창현의 창고)

거창

안의

함양   합천

산청

4월 26일에는 문경현감 신길원이 관병 수십 명으로 고니시 부대에 맞섰으나, 병사들이 겁을 먹고 달아났고 신길원은 끝까지 싸우다 잡혀 사지가 잘려 전사했다.**

이일의 패전 소식이 전해지자 조정은 발칵 뒤집혔다.

이일은 명장 아닌가!
그 이일이 패퇴했다고?

조정은 김명원을 도원수, 이양원을 수성대장, 이전(이진)을 좌위장, 신각을 중위장, 변언수를 우위장에 임명했지만 도성을 수비할 인원이 턱없이 부족했다.

이전(76세)   변언수

신각

김명원(59세)   이양원(67세)

* 신창(거창) 전투는 18세기 중반에 기록된 《매헌실기》에 등장하는 전투다. 《매헌실기》에서는 이 전투를 임진왜란에서 조선군의 첫 승리로 정의한다. 하지만 《조선왕조실록》이나 《징비록》 등 이전의 다른 사료에는 나오지 않는다. 《난중잡록》에는 1582년 4월 30일 전라도에서 전라도방어사 곽영과 함께 싸우던 경상도방어사 조경을 구출한 기록이 정기룡의 전투에 대한 첫 언급이다.
** 《난중잡록》에 기록된 내용인데 《선조실록》에는 김수의 말을 빌려 문경현감 신길원도 전쟁이 나고 도망갔다고만 나와 있다.

도성에 방어해야 할 성첩(성 위에 쌓은 교전용 담)은 3만여 소인데, 노비와 서리까지 끌어모아 봐야 7,000명 정도였다.

선조는 대신들을 불러 파천을 언급했다.

종묘와 원릉(園陵)이 모두 이곳에 있는데 어디로 가시겠다는 것입니까?

중추부 영중추부사 김귀영(73세)

경성을 고수하여 외부의 원군을 기다리는 것이 마땅합니다.

아니 되옵니다. 파천을 하신다면 스스로 자결할 지언정 감히 전하의 뒤를 따르지는 못하겠습니다.

승정원 우부승지 신잡 (52세, 신립의 형)

전하께서 도성을 나가시면 민심은 보장할 수 없습니다.

홍문관 수찬 박동현(49세)

신하들이 강하게 반대하자 선조는 낯빛이 변했고

대전을 나가 버렸다.

이산해만이 선조의 의중을 읽고 총대를 멨다.

영의정
이산해

우부승지.
반대만 할 사안은
아닌 것 같소.
과거에도 파천한
예는 있소.

허어~

같은 날 대신들은 파천의 당위성을 주장한
이산해를 파직해 달라고 주청했다.

물론 파천 명분을 받쳐 준 유일한 신하 이산해를
그 타이밍에 내칠 리는 없었다.* 어쨌거나 선조는
정치 고수였으니까.

* 4일 뒤인 5월 2일 이산해는 결국 파천을 제일 먼저 주장했다는 이유로 파천 중에 대신들의 탄핵을 받았다. 선조는 주청을 받아들이면서 체직 대상에
류성룡을 슬쩍 끼워 넣었다. 전비를 게을리한 죄(통신사 복귀 후 강하게 전쟁 대비를 주장하지 않은 것의 뒤끝으로 보인다)를 물어 류성룡을 삭탈했다.
당시 이산해는 영의정, 류성룡은 좌의정 겸 도체찰사였다.

그리고 선조는 이원익과 최흥원 등에게 명했다.

경은 평안도로 가서 부로(父老)*들을 효유해 인심을 수습하라.

이조판서
이원익(46세)

경은 황해도로 가 부로들을 모아 선왕의 깊은 사랑과 두터운 은혜를 일깨워 줌으로써 그들의 마음을 단결시키는 한편…

의정부 좌참찬
최흥원(64세)

과거 이들은 북방에서 벼슬을 할 때 선한 정치로 지역 백성에게 명망이 높은 인물이었다.

선조는 이미 파천에 대한 지역 민심까지 대비하고 있었던 것이다. 일종의 여론전이었다.

선조는 마음이 급했다. 이들은 우물쭈물할 겨를도 없이 당일 출발했다.

* 부로는 조선시대 동네 어르신을 칭하는 말이다. 각 마을의 입장과 여론을 형성하며 큰 영향력을 가졌을 것이다.

선조가 파천을 결심한 것이 공공연히
확인되자 신잡이 세자 책봉을 청했다.

전하…

선조는 미루지 않고
광해군을 세자로 승인했다.

광해군(18세)

이 모든 일이 《선조실록》에는
하루 만에 일어난 것으로 나와 있다.

일사천리. 선조의 탁월한 생존 본능은 신하들이 감히
따라가기 버거웠다. 선조는 파천 여부뿐 아니라 이미
탈출 방향도 다 계산해 놓았다.

이날은 탄금대 전투가 막 벌어진 시점이니
신뢰하던 신립의 전투 결과도 듣지 않고
광속으로 피난 결정을 내린 것이다.
생존과 권력에 대한 선조의 판단은
매우 날카롭고 현실적이다.
전혀 성리학적이지 않다.

조정의 피난 준비는 오래 걸리지 않았다. 29일 신립의 패전 소식이 도성에 전해졌다.

선조는 스스로 파천 논의를 꺼낸 지 이틀도 채 지나지 않아, 30일 새벽 백성들 몰래 도성을
빠져나갔다. 이날 온종일 비가 쏟아졌다.

"점심을 벽제관(碧蹄館)에서 먹는데 왕과 왕비의 반찬은 겨우 준비되었으나 동궁(광해군)은
반찬도 없었다. 병조판서 김응남이 흙탕물 속을 분주히 뛰어다녔으나 여전히 어찌해 볼 도리가
없었고, 경기관찰사 권징은 무릎을 끼고 앉아 눈을 휘둥그레 뜬 채 어찌할 바를 몰랐다."
-《선조실록》 26권 1592년 4월 30일

선조가 몰래 몽진을 하자 성난 한양 백성들은 대궐의 창고를 약탈하고 불을 질렀다.*

* 경복궁 전소에 대해서는 노비를 비롯한 조선 백성들에 의해 전소되었다는 설, 한양에 입성한 일본군에 의해 불타 버렸다는 설(고니시군 설, 가토군 설),
백성들이 일부를 태웠고 나머지를 일본군이 태웠다는 설, 이렇게 세 가지 설이 있다. 종묘는 우키다 히데이에군에 의해 전소되었다고 한다.

피난하던 조정은 근왕병을 모집하기 위해 임해군을 함경도로, 순화군을 강원도로 보내는데 이 결정은 후에 또 다른 파란을 야기했다.

임해군(21세)

순화군(13세)

한편 충주에 도착한 도순변사 신립은 충청도 군현의 병사를 소집해 8,000여 명을 모아 놓고 있었다.*

신립은 조령을 지키기 위해 이동하다가 산세가 험해 기마병을 운용할 수 없어 다시 충주로 되돌아갔다.

넓은 곳에서는 당할 수가 없소! 차라리 후퇴하여 한양을 지키는 것이…

이걸 죽여?

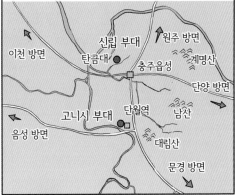

이후 신립은 적의 위치를 보고한 군관을 사형시켰고, 적이 10리 근처 단월역까지 와 있는 걸 몰랐다.** 북천에서의 이일과 판박이다.

이천 방면

신립 부대

탄금대

원주 방면

계명산

충주읍성

단양 방면

고니시 부대

단월역

남산

음성 방면

대림산

문경 방면

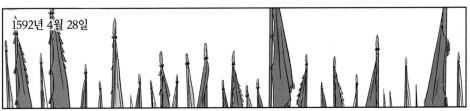

1592년 4월 28일

* 《난중잡록》에는 이때 신립의 병력이 6만이라고 나와 있다.
** 그림은 〈조선지형도〉(1919)에 근거해서 그린 지도. 1985년 충주댐 건설로 충주호가 만들어지면서 지형지물이 많이 변했고, 1592년 당시 물길은 더 차이가 컸을 것이다. 상주 북천 전투와 탄금대 전투에서 고니시군이 공격을 시작하기 전 진영을 차린 곳은 모두 근처에 갈림길이 있다. 기습을 받았을 경우 피해를 줄이기 위해 산개 후 후퇴를 염두에 둔 것 같다. 후방에 배수진을 두었던 신립과 매우 대비되는 선택이었다.

신립의 기병 중심의 8,000여 병사는 탄금대에서 고니시, 요시토시의 1번대와 전투를 치렀다.*

두 차례의 공격 끝에 일본 조총 부대에 3면을 둘러싸이며 패전했고, 충주목사 이종장, 종사관 김여물 등 뛰어난 장수들이 끝까지 싸우다가 전사했다.

패색이 확연해지자 신립은 강물에 빠져 자살했고 병사들도 그를 따라 목숨을 끊었다.

이일은 뒤쪽에 물러나 있다가 또 달아났다. 당시 조선의 제1, 제2 명장이라 불리던 신립과 이일의 전투는 이렇게 끝났다.

• 흔히 신립이 탄금대에서 싸운 이유 중 하나가 병사들이 훈련이 안 된 상태였기에 배수진으로 결전력을 높이려 했던 것이라 말하지만, 배수진은 참퇴장 (아군의 사기를 진작하고 전선 이탈을 통제하는 장수)을 운영하는 수성 전투에서 쓰는 게 으뜸이니 합리적인 판단은 아니다.

《서정일기》에는 탄금대 전투가 다음과 같이 묘사된다.*

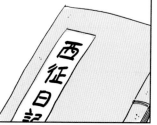

"낙양(한양)에서 온 장군(신립)이 수만 명의 병사를 이끌고,
충주부 북쪽 반 리쯤 되는 소나무 산에 진을 쳤다.
관군(고니시군, 요시토시군)이 기치를 들고 말을 달려 공격하니
소나무 산에 진을 치고 있던 조선군이 패주했다. 요시토시와
고니시의 병사들이 이를 추격해 목을 벤 것이 3,000여 급이고
포로로 한 것이 수백 명이었다." - 1592년 4월 27일

경상감사 김수가 대구의 벌판에 제읍의 병력을 집결시킨 것, 이일이 상주읍성을 버리고 상주 북천
벌판에 병력을 집결해 전장으로 삼은 것, 이일과 김여물이 건의했음에도 신립이 조령고개를
버리고 탄금대 앞을 결전지로 삼은 것. 여기에는 공통점이 있다.

《손자병법》을 인용하면, 상대에게 비지(圮地,
통행이 어려운 곳)와 아군에게 위지(圍地,
소수로 다수를 상대할 수 있는 곳)의 조건을
스스로 포기한 것이다. 자국에서 방어전을 치를
때는 야지(野地, 노출된 곳)에서의 회전을
피하라는 조건에도 위배된다.

북방 여진족을 상대하던 기마부대의 전통적
방식을 고수한 것이다.
이는 조선 장군들에게 일본군의 전략과
전술에 대한 정보가 전혀 없었다는 의미다.

• 프로이스의 《일본사》에는 신립의 군대가 8만이었고, 이 중 8,000명을 죽였다고 나온다.

〈요시노 진고자에몬 비망록〉에는 부산성 전투와 동래성 전투는 다소 어려웠던 전투로 기록된 반면 그 이후의 전투는 다음과 같이 묘사돼 있다.

"이 전투(밀양 작원 전투)를 시작으로 도읍으로 향하는 도중 여기저기에서 전투가 있었는데, 아군 (고니시군)은 언제나 매가 작은 새나 참새를 쫓아 흩어지게 하는 것과 마찬가지로 쉽게 이겼다."

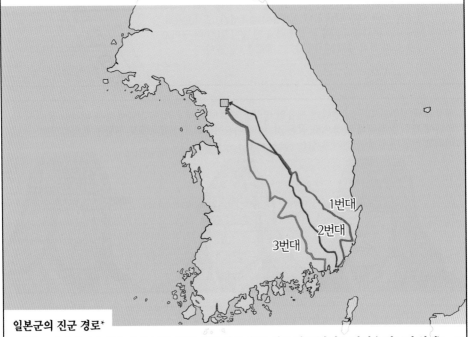

일본군의 진군 경로*
1번대 고니시 유키나가군: 양산-밀양-청도-대구-상주-충주-여주-양근(양평군 양평읍 양근리 일대) -용진(양평군 양서면 용담리 인근)-한양 동쪽
2번대 가토 기요마사군: 장기-기장-울산-경주-영천-신녕-의흥-군위-비안-충주-죽산-용인-한양 남쪽
3번대 구로다 나가마사군: 김해-창원-현풍-성주-지례-김산(김천)-(추풍령)-영동-보은-회인-청주- 죽산-용인-한양 남쪽(4, 5, 8번대도 동일한 경로일 것으로 추정)

도원수 김명원은 한양의 마지막 관문인 한강을 방어하기 위해 제천정(지금의 한남역 부근)에 머무르다가

일본군(가토의 2번대)이 근처에 다다랐다는 소식을 듣고 병기와 화포를 강물에 버리고 임진강까지 후퇴했다. 그러자 군심이 흔들려 병사들이 뿔뿔이 흩어졌다.

* 이일과 신립 중 한쪽이라도 조령을 사수했다면, 조령을 거쳐 충주로 간 고니시군과 가토군의 진군을 상당히 오래 지연할 수 있었을 것이다.

부원수 신각은 한강을 지키고 있다가 김명원의 군사가 흩어졌다는 소식을 듣고 유도대장 이양원이 지키던 한양 도성으로 물러났다가 이양원과 함께 양주로 다시 후퇴했다.

조선군이 조령에 이어 천혜의 방어선인 한강을 쉽게 포기하자 일본군은 병력 손실 없이 한강을 건넜다.

5월 3일 새벽 고니시 유키나가의 1번대가 동대문을 지나 먼저 한양으로 입성했다.

뒤이어 가토 기요마사의 2번대가 남대문을 지나 도착한다. 일본군이 부산 앞바다에 모습을 드러낸 지 불과 20일 만이었다.

6일 이후 추풍령-영동-청주-용인으로 이동했던
구로다 나가마사의 3번대, 모리 요시나리의 4번대
(시마즈 요시히로의 4번대 후속 부대는 이동 중),
우키다 히데이에의 8번대가 잇따라 한양으로 들어왔다.

선조 일행은 이보다 앞선 5월 1일 저녁 개성에 도착했다.

연천 방면
마전
백천
개성
장단
적성
연안 방면
파주
고양 방면
양주 방면

〈조선지형도〉(1919)의 해안선을 기반으로
〈청구요람〉(1895)의 도로를 재현함.

한양에서 10여 일을 머물던 일본군은 총대장
우키다 히데이에와 8번대를 한양에 남기고

선조를 쫓아 파주로 향했다.

뒤이어 한양에 들어온 6번대 고바야카와군
은 다시 남쪽 전라도로 향했다.

느리게 진군 중이던
7번대 모리 데루모토군과
9번대 호소카와군은
경상도에 남아 약탈을
감행했다.

일본군은 부산성과 동래성에서 민간인을 대량 학살했을 뿐만 아니라, 전투 후에도 점령 지역에서 끊이지 않고 살인과 약탈을 자행했다.

노음산으로 피난 갔던 선비 조정이 쓴 《임진일기》에서 상주 전투 이후 일본군의 패잔병 색출 및 경북 지역 민간인 학살을 묘사한 몇 구절을 인용한다.

"노음산 기슭에는 장수와 군사들이 도망쳐 들어온 까닭에 (…) 보기만 하면 참혹하게 마구 죽였으니, 산골짜기와 우거진 숲속에 시체가 쌓인 것이 언덕과 같아서 몇천 명인지 몇백 명인지 알지 못했다."-《임진일기》 4월 26일

"부녀자 중에 다소 얼굴이 고운 사람은 번번이 잡아가서 간음하였고, 남자 중에 젊고 건강한 사람은 모두 끌고 가서 유인하여 제 무리로 끌어들였다. (…) 조금이라도 저들을 거스르면 늙은이와 어린이를 가리지 않고 풀을 베듯 목을 베었다. 지난 역사를 두루 살펴보아도 전쟁의 참화가 이보다 더 심한 것은 있지 않았다."-《임진일기》 4월 26일

"들건대 왜놈들이 곳곳에 두루 가득하여 궁벽한 촌락이나 외진 곳까지도 약탈하지 않음이 없었다고 하였다. (…) 어미와 딸들이 거의 다 붙잡혀 간음을 당하고 더럽혀진 일을 말하자면 장황해진다." -《임진일기》 4월 29일

"계집종 윤대, 끗개, 막개 세 자매가 모두 왜구에게 해를 입었고 (…) 마을의 물건도 또한 샅샅이 찾아 가져가면서 아무것도 남기지 않은 채로 끝내는 불을 놓아 태워 버렸으니, 온 마을의 50여 집이 한꺼번에 흔적 없이 불타 버려 남은 것이라고는 고작 두세 집뿐이라고 하였다." - 《임진일기》 4월 30일

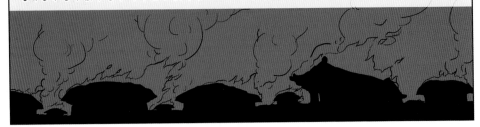

"마을에 있는 소와 말을 왜놈들이 전부 잡아가서는 (…) 설사 난리가 끝난들 사람들이 본업으로 돌아가서 농사짓는 데 꼭 필요한 것을 장차 무슨 가축물에 기대겠는가? 예로부터 병란이 어느 시대인들 없었으랴만, 사람과 가축이 다 없어진 것은 어찌 오늘과 같은 경우가 있겠는가?" - 《임진일기》 5월 12일

"대가(大駕)*가 그믐날 사경(새벽 2시경)에 피난하려고 송도(松都, 개성)로 향하여 떠나자 (…) [피난 가려는] 사람과 말들이 서로 짓밟고 짓밟혀서 죽은 자가 곳곳에 베고 누운 듯 포개어져 있었으며, 도성 문밖은 더더욱 심하여 시체가 쌓여 언덕을 이룰 정도여서 그 참혹함을 차마 볼 수가 없었다." - 《임진일기》 5월 18일

"도성 안의 사람들은 스스로 서로 강도가 되어 칼을 갖고서 빼앗으며 죽이거나 상처를 입힌 것이 이루 헤아릴 수가 없으며, 사족들도 도성을 빠져나간 후에 텅 빈 골짜기에서 굶주려 죽은 자도 또한 이루 다 셀 수가 없었다." - 《임진일기》 6월 2일

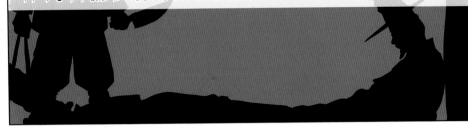

* 임금이 타는 수레. 실제 피난길에 선조는 말을, 왕비는 수레를 탔지만 비가 심하게 와서 왕비도 수레를 버리고 말을 탔다.

7장

전라 수군 출정

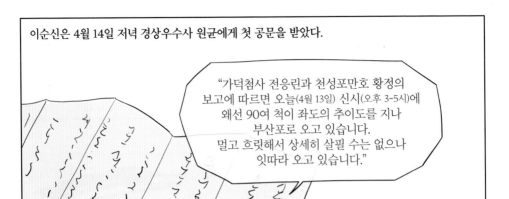

이순신은 4월 14일 저녁 경상우수사 원균에게 첫 공문을 받았다.

"가덕첨사 전응린과 천성포만호 황정의
보고에 따르면 오늘(4월 13일) 신시(오후 3~5시)에
왜선 90여 척이 좌도의 추이도를 지나
부산포로 오고 있습니다.
멀고 흐릿해서 상세히 살필 수는 없으나
잇따라 오고 있습니다."

이순신은 조정에 장계를 올리고, 전라관찰사 이광,
전라병마절도사 최원, 전라우수사 이억기 등에게
공문을 보냈다.

15일 오후에는 조대곤과 박홍의
공문을 전통하는 원균의 공문이
도착했다.

박홍: 이미 성(부산진성)이
그들에게 함락당한 뒤 (…)
선봉 왜인은 마침내 동래로
올라왔다고 합니다.

이순신은 경상도에서 이어지는 보고를 받아,
조정과 전라도 순찰사 이광, 전라병사 최원,
전라우수사 이억기, 전라좌도 소속 각 포진과
읍성에 공문을 전하면서 임전 태세에 들어갔다.*

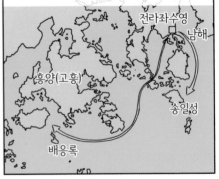

22일 새벽 군관 배응록과 송일성에게
각각 절갑도(거금도)와 금오도로 가 적을
정찰하고 부정한 일**을 조사하는 임무를
맡겼다.

전라좌수영
남해
흥양(고흥)
송일성
배응록

* 당시 조선군의 보고 체계는 신속하고 지속적이었다. 조대곤, 김수, 박홍, 이각, 이일 등도 전쟁 발발 후 도망치면서도 장계를 올리는 일만은 결코
게을리하지 않았다. 후에 신각이 해유령 전투 승리의 전공을 세우고도 도망친 것으로 오해받아 처형된 이유가 장계를 늦게 올려서였다.
** 4월 30일 이순신이 선조에게 보낸 장계에 탈영병 2명을 잡아 효수했다고 나오는데, '부정한 일'이란 이를 말하는 것으로 보인다.

27일 이순신은 소속 관포에 예하 전력을 29일까지 좌수영으로 집결시키라고 명령했다.*

승평(순천)부

광양현

낙안군

보성군

전라좌수영

여도진

흥양현

사도진

방답진

녹도진

발포진

선조의 교지를 받아 출전 시기를 조율하던 이순신은 경상우수사 원균에게 공문을 보냈고

"경상우수사 영감. 우수영 앞바다의 물길 형세와 전라좌도, 전라우도, 경상우도의 수군이 모여 집결할 약속지, 적군의 규모, 다른 계책의 기밀을 모두 아주 급히 화답해 주시오."

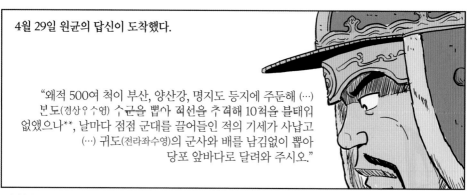

4월 29일 원균의 답신이 도착했다.

"왜적 500여 척이 부산, 양산강, 명지도 등지에 주둔해 (…) 본도(경상우수영) 수군을 뽑아 적선을 추격해 10척을 불태워 없앴으나**, 날마다 점점 군대를 끌어들인 적의 기세가 사납고 (…) 귀도(전라좌수영)의 군사와 배를 남김없이 뽑아 당포 앞바다로 달려와 주시오."

* 전라병영(육군)으로 편제된 순천부사 권준은 21일 이순신에게 찾아와 어떤 약속을 하고 돌아갔다. 내용은 알 수 없으나 좌수군 첫 출전 시 순천부 수군 운용에 관한 일로 추측된다.
** 경상우수군이 임진왜란 초기 일본군 10척을 분멸했다는 내용은 원균의 공문에만 언급돼 있어 자세한 내용은 알 수 없다.

원균의 답신이 도착한 날 이순신은 제승방략과 오위진법에 기초해 전라좌수영의 첫 출전 병력을
다음과 같이 편제했다.

중위장 - 방답첨사 이순신
전부장 - 흥양현감 배흥립
좌부장 - 낙안군수 신호
우부장 - 보성군수 김득광
중부장 - 광양현감 어영담
후부장 - 녹도만호 정운
유군장 – 발포기장(임시) 군관 훈련봉사 나대용

돌격장 - 군관 이언량
좌척후장 - 여도권관 김인영
우척후장 - 사도첨사 김완
한후장 - 군관급제 최대성
참퇴장 - 군관급제 배응록

좌부기전통장* - 순천대장 전봉사 유섭**
우부기전통장 - 진군장 보인 이춘

전라좌수영 방어
유진장 - 우후 이몽구

이 편제는 1위(방답첨사 이순신) 5부(배흥립, 신호, 김득광, 어영담, 정운) 체제를 기반으로 했다.

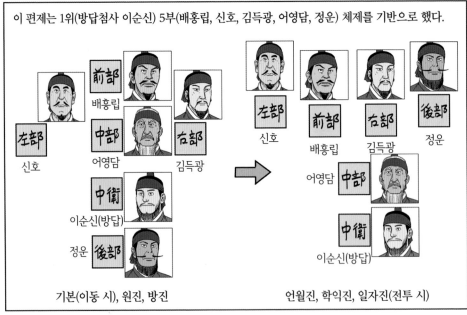

기본(이동 시), 원진, 방진   언월진, 학익진, 일자진(전투 시)

* 통(統)은 오위 체제에서 부(部)의 하위 단위다. 좌부기전통장 유섭은 좌부장 신호, 우부기전통장 이춘은 우부장 김득광의 편제에 속한다.
** 순천부에서는 전봉사 유섭이 수령을 대신해 참전했다. 전라좌수군 첫 출전 당시 순천부사 권준은 전라순찰사 이광의 명으로 육군으로 편제, 중위장이
되어 전주로 이동했다. 전라좌도의 내지와 포진을 방어하기 위해 새로 선발한 이순신의 좌수영 산하 조방군(助防軍) 또한 육지의 전투에 차출되었다.

유군장(진형 내에서 상대적으로 자유롭게 작전) 나대용*, 돌격장(필요할 때 과감한 돌격) 이언량

발포기장
나대용(36세)

군관
이언량

척후장(정찰 임무) 김완·김인영, 한후장(예비대, 후위 경계) 최대성

사도첨사
김완(46세)

여도권관
김인영(50세)

군관
최대성(40세)

참퇴장(사기진작, 전선 이탈 통제) 배응록, 부기전통장(좌우부의 예비대) 의병 유섭·이춘으로 구성했다.

군관
배응록(41세)

이춘(31세)

유섭(27세)

5월 2일에도 여전히 전라우수군이 도착하지 않자 이순신은 바다로 나가 실전을 대비한 진법훈련을 실시했다.

* 발포권관이 전쟁 직전 체직되자 이순신은 4월 18일 발포권관 대리로 나대용을 임명했다.

다담아.
아비 나간다.

지금까지
안 잤냐?

벌써 바다 가셔요?

밥상 금방 들일랑께
잡숩고 가셔요.

되았다.
생각 없응께.

그라도
힘 쓰시려면…

난리가 걱정되냐?

경상도는 어른, 아이 할 거 없이 시체가 온 천지에 널렸다 안 허요.

왜 안 되겠어라.

시상이 망하는데 무섭지 않을 수 있간디요.

….

우리 도봉이도, 수군도 잘할 거구마잉.

도성의 큰 장군님도 졌다잖여요. 나랏님도 쩌그 북쪽으로 도망가 뿔고.

온 시상이 다 지는데 우리 수군이라고 뾰족한 수 있간디요.

우리 사또의 수군은 바다로 나서기도 전에 도망가지는 않겄제.

고생시킨다고 사람들이
수사 영감 앵간치 욕할 때도
이 아비는 진즉에
알아봤당께.

난리를 겪어 본 사람은 알어.
저거이 헛짓거린지 아닌지.

이 아비가 수군 마지막
해였을 때 흥양으로
왜구들이 쳐들어왔었잖냐.

처음에는 잘 막았는데
두 번째에 젊은 만호 나리
싸우다 잡혀 죽고,
가리포까지 난리 났었제.

한 다섯 해
전이지라.

그때도 잘 싸웠지만
바다 나가서 훈련하는 거
보믄 지금 우리 수군은
다르당께.

군사들이 악으로라도
기가 빠짝 들었어야.
능숙허고.

우리 수사 영감
보~통 양반이
아니고마.

인자 들어가
눈 좀 붙여.

훈련으로
뭐가 되간디.

째간한 왜놈들이 올매나
무작시러운지 경상도
군사도, 한양의 정예군도
죄다 무너졌다는디.

아이고 죽겠다.
어깨 빠지는 줄 알았네.

전쟁 와중에 이런
빡신 수조라니.
수사 영감 미친 거 아냐?

막상 싸움 들어가면
흥양 수군이 잘 싸우겠죠?

수조할 때
못 봤냐.

흥양, 녹도, 보성 쩌그는
손죽도 바다에서 왜놈들과
싸워 본 놈들 천징께.
특히 녹도 수군은 애들이 쎄지이~

바다에서 왜선도
뽀사뿔고 했다
안 허냐.

아, 정말 어쩐다.
엥간해서는 살아남기
힘들 거인디.

위매.
이 조종말 인생에
최대 위기고마!

하아~

성님은 글케
싸우는 게 두렵소?

아야.
안 무섭다는 놈은
둘 중 하나랑께.

당하기 전에
왜놈 배를
쪼사 부리면 되지.

북방 야인들처럼
쌈에 이골 났거나,
도봉이 니처럼
바보거나.

뒈질 때까정
객기로 버틸랑가.

승평부는 전라병영으로
차출 갔다는데,
거기였으면 얼마나 좋아.

콩

대강 눈치 보다가
쌈 날 때 산으로
달아뺄 거인디.

바다는 나가 싸우면
도망칠 곳도 없고
그냥 물귀신 된당께.

왜놈 칼에 뎅강 당하든지,
물에 꼬록꼬록 하든지.
뒈질 방법 선택혀.

인자 그만허쇼.
쌈도 전에 숨 맥혀
죽을 것 같소.

이번에 뭍에서
상번(上番, 교대자)들 들어온다는데,
그때 둘이 슬쩍 도망칠까?

누가 잡혀
오는구마.

맞는디?

성님 아는
사람이어라?

가만.
쩌그 황옥천이
아니여?

흥양에 있는 친군디,
잉번(仍番) 나눌 때
쬐까 가찹게 지냈제.

뭔 잘못을
했당가?

분위기 겁나 험악해요.

도망가다
잡혀뿐나?

우짜까이.
설마 쩌그도 목 잘리는 건
아니겄제?

수사 영감 역시 독하요.
난리 중에 잡는 거시
쉽지 않았을 거인디.

...

성님.
어디 도망 되겠어라?

• 전라좌수영 안에 있던 누각이었으나 정유재란 때 일본군에 의해 소실되었다.
이후 1599년 삼도수군통제사 이시언이 진남관이라는 이름으로 75칸의 객사를 지었다.

감히
우리 조선 땅을!

콰

울분이 터져 나와
참을 수가 없습니다!

녹도만호(종4품)
정운(49세)

손도 못 써 보고 이렇게 일방적으로 당하다니!

보성군수(종4품) 김득광

있을 수 없는 일입니다!

전라좌수사(정3품) 이순신(47세)

참담합니다! 참담해요!

고향을 짓밟히니 더더욱 참담합니다!

영감! 이 김완이 앞장설 테니 출발합시다!

사도첨사(종3품) 김완(46세)

서둘러 출정하시지요.

전라우수군을 기다리는 동안 적들이 더 준동하게 될 것입니다.

방답첨사(종3품) 이순신(38세)

낙안군수께서도
의견을 주시지요.

전라좌수영은
전라도의 바다를 굳건히
지키는 것이 좋을 것
같습니다.

낙안군수(종4품)
신호(53세)

무슨 말씀이시오!

전라도 바다와
경상도 바다가
따로 있소이까?

익숙하지 않은 바다로
우리 수군을 끌고 갈 수는
없습니다.

이곳 수군마저 잃게 되면
장차 이 나라의 바다는
누가 지킵니까?

나라의 녹을 먹는 장수로서
어찌 싸워 보기도 전에 패배를
먼저 입에 올리십니까?

마음이야 이 몸인들
왜 땅에 올라서라도
왜군들을 베어 버리고
싶지 않겠소?

하지만 승평부사와 훈련받은
수군들 상당수, 인근 고을
장정들까지 전주로
차출되었습니다.

적들은 전선이 500척,
좌수영 소속 판옥선이
겨우 24척…

마음만 앞서는
출정이야말로 장수로서
가장 안일한 선택
아니겠소이까?

우려를 모르는 바는 아니나,
아무리 그래도 경상우수영의
전선이 최소 30척은
남아 있지 않겠습니까?

합쳐 50여 척이면
전라우수군 없이도
해 볼 만합니다.

흥양현감(종6품)
배흥립(46세)

가까이 남해현령에게라도
연통을 이어 가야 경상도 바닷길과
파도를 알 수 있는데,
그곳마저 무인지경에 이르렀습니다.

병사들을 가득 채운
판옥선 선단으로 이만한
거리를 이동한 적은
단 한 번도 없습니다.

하물며 물길마저
모른다면 어찌 감당할
수 있겠습니까.

이 몸은 평생
남해만을 품고
살아왔소.

경상우수군 수령들보다
모자란다고 할 수
없을 거외다.

집결지까지 이 사람이
향도가 되어 바닷길을
열 것입니다.

광양현감(종6품)
어영담(60세)

영감.
어찌하시렵니까?

수군우후(정4품)
이몽구(38세)

만호 나리~

수사 영감께서
이미 결정하신 일
아닙니까?

전라우수군이
도착하면
출정하시기로…

팔자 좋은 소리!

네놈은 이 정운의
군관이냐,
영감의 군관이냐!

전시에 항명하다
큰일 납니다아~

비켜!
똥멍청아!

왜놈들에게
나라가 요절나고
있는데!

네놈은 피가
끓지도 않느냐!

저도 끓습니다,
만호 나리.

송희립?

나리는 오실 줄
알았습니다.

이 아프고
답답한 마음을
이길 수 없습니다!

우수사는 오지 않고
적들은 한양까지
이르렀습니다!

기회를 놓친다면
아무리 후회해도
어쩔 수 없습니다.

여기가 아파요,
아파!

쿵쿵

영감은
아프지 않습니까?

영감님의 좌수군은
더 이상 약하지
않습니다.

전라우수군 몫까지
저희가 싸우겠습니다!

송희립.
항명이냐.

아 그거슨
아니고요…

굴적

출정을 결정하시기
전까지 이 방에서
한 발자국도 나서지
않을 거외다!

목을 치시든지
말든지.

밖에 누구 있는가?

변존서입니다.

사람을 시켜 방답첨사,
광양현감, 여도권관을
불러오게.

이순신은 전라우수군의 합류를 포기하고 다음 날 새벽 출정을 결정했다.

서둘러 축시(오전 1~3시)에 출발하면 낮에 적량 앞에서 높하늬(북서풍)가 불 겁니다.

그때 격군들이 소비포 인근까지 잠시 노를 쉬어 갈 수 있습니다.

단, 선단을 너무 넓게 포진시키면 바깥의 전선은 해류를 거슬러야 하니 유의해야 합니다.

정운의 건의가 영향을 주었는지, 이순신이 이미 결심하고 있었던 것인지는 알 수 없다.

이순신은 출전 직전 탈영을 했다가 체포된 여도 수군 황옥천을 효수했다.*

전란 발발 직후 이순신은 임금의 허락 없이 수군을 위수 지역에서 자의로 이동시킬 수 없었고, 조정에서 출정 재량권을 준 후에는 연합함대를 구성하고자 했었다.

* 평시 탈영에 대한 처벌은 임금에게 보고한 후 초범은 장 50대, 재범은 80대, 3범은 효수(효시)했다. 하지만 전시는 달랐다. 1차 출정 전 이순신은 3차례 탈영병을 효수하는데, 전란 초기 경상도 지역의 군율이 무너진 정황을 볼 때 출정 전 군심 이반을 막기 위해 어쩔 수 없었던 조치로 보인다.

5월 4일 새벽*에 전라좌수군은 전선 24척, 협선 15척, 포작선 46척, 총 85척**으로 첫 출정에 나섰다.

전선 한 척이 아쉬운 상황이었으나 이순신은 매우 신중했기에 거북선의 첫 출전을 용인하지 않았다.

수군은 거북선 운용 방법에 숙련되지도 않았고 화포 실험을 끝낸 지도 얼마 지나지 않은 상황이었다.

충분히 훈련이 안 된 신무기는 전선 진법의 균형을 깰 수도 있고, 많은 공을 들인 돌격선이 망실될 경우 수군 전력에 큰 타격이었을 것이다.

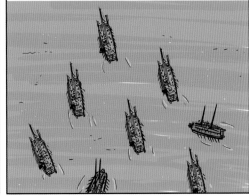

* 이순신이 선조에게 보낸 장계에는 축시에 출발한 것으로 돼 있고, 《난중일기》에는 먼동이 틀 때로 기술돼 있다. 선발 수색대와 본대가 서로 다른 방향으로 이동하며 생긴 출항 시간 차이(다음 페이지 참조) 때문이거나, 한쪽이 오기일 수도 있다. 함대의 첫 기동에 소요된 시간은 몇 시간 이상일 것으로 추측된다.
** 협선은 5명 이하가 탑승하는 작은 배였고, 포작선은 어선이었다. 주요 전투를 치를 수 있는 배는 24척이었다. 수군은 총 3,000~3,600여 명으로 추정된다.

이순신은 우척후 김완, 우부장 김득광, 중부장 어영담, 후부장 정운에게 개이도(개도) 쪽으로 돌아 수색 및 토벌을 하고 미조항으로 합류할 것을 명했다.

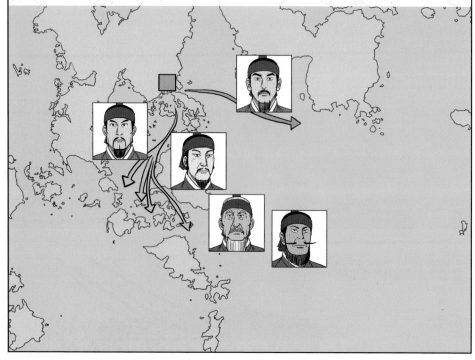

본대는 평산과 곡포(이동면 앞바다), 상주포를 지나 일본군의 매복을 샅샅이 확인하며 이동했다.

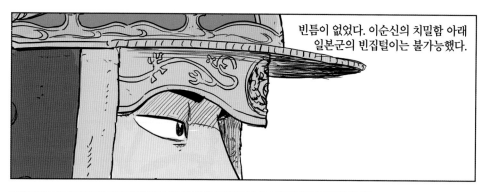

빈틈이 없었다. 이순신의 치밀함 아래
일본군의 빈집털이는 불가능했다.

본대는 미조항에서 어영담 등 수색대와 다시 합류해 소비포(고성군 하일면 동화리)*로 이동했다.

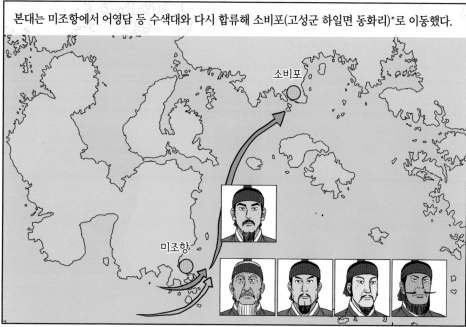

소비포

미조항

5월 4일 해 질 녘 소비포에 도착한 전라좌수군 함대는 소비포 앞바다에 정박하고 함 내에서
1박을 했다.

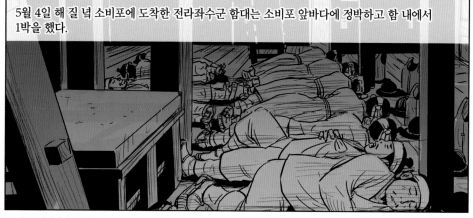

* 소비포는 여러 차례 이진되고 이름이 바뀌는데, 세조 5년 소비포는 사량진으로 이진, 중종 때 동화리 부근에 있던 소비포권관진은 선조 37년(1604년)에
거제로 이진되고, 이후 다시 동화리 부근에 소비포소모진(별장 관할)이 만들어졌다.

5일 새벽에 소비포 앞바다를 출발한 전라좌수군은 오후에 당포에 도착했으나, 원균의 경상우수군은 아직 도착하지 않았다. 이순신은 당포로 오라는 공문을 협선을 통해 원균에게 보냈다.

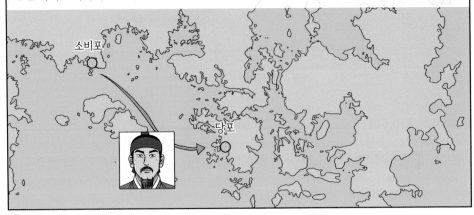

전라좌수군은 당포 앞바다에서 다시 1박을 했고

6일 오전 8시경 원균이 이끄는 경상우수군과 만나게 됐다.

그러나 경상우수군의 전력은 기대한 것과 달랐다. 먼저 도착한 것은 원균이 탄 판옥선 1척이었다.

이어 미조항첨사 김승룡과 남해현령 기효근, 평산포권관 김축을 태운 판옥선 1척, 사량만호 이여념이 탄 협선 1척, 소비포권관 이영남을 태운 협선 1척이 차례로 도착했다.

그리고 영등포만호 우치적, 지세포만호 한백록, 옥포만호 이운룡이 판옥선 2척을 이끌고 합류했다.

경상우수군의 전력은 판옥선 4척, 협선 2척으로, 이순신과 원균의 전력이 합쳐져 판옥선 28척, 협선 17척, 포작선 46척, 총 91척이 되었다.

X 28

X 17   X 46

6일 이순신과 원균 함대는 송미포(거제시 남부면 다대리 인근)에서 다시 1박을 하며 정보를 나눴다.

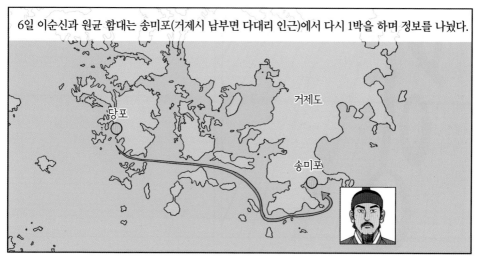

7일 이른 새벽에 함대는 송미포를 떠나 가덕도 방향을 목표로 출항했다.

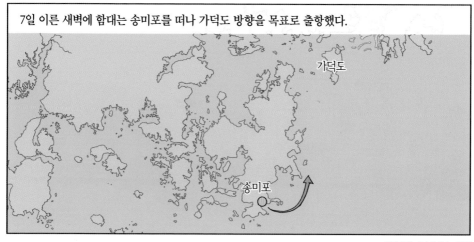

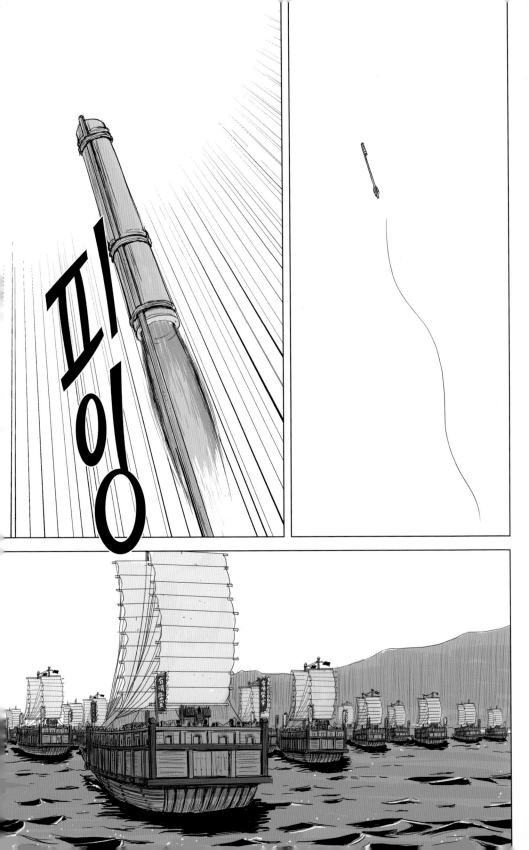

우척후장 김완의
신기전입니다!

옥포 방향이로군.

좌척후장 강인영의
신기전입니다!

돛을 접고 모든 전선은 옥포 방향으로 속히 이동하라!

예, 영감.

돛을 접고 노를 내려라!

싸… 싸움이 시작되는 거여?

시방 죽는 건가?

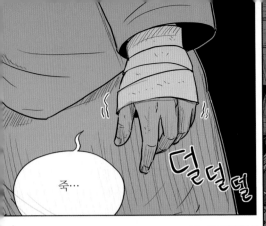

덜덜덜

죽…

속히 이동한다!

격군 전원 투입!

죽는 거여?

격군 자리로!

빨리 이동한다!

대기조 없이 모두 노를 하나씩 잡아!

저벅
저벅

뭐 하냐! 노창으로 붙어!

어서 노를 잡아!

달아날
구녕도 없고!

이망 깨져 죽나,
뒤꼭지 깨져 죽나!

어차피 뒈질 거면
모냥생이 빠지지
않는 편이 낫지라!

안 그라요,
성님들?

그… 그라제.

우에서 병사들
싸울 맛 나게
달려 줘야제!

옴빡
달라붙자고오~!

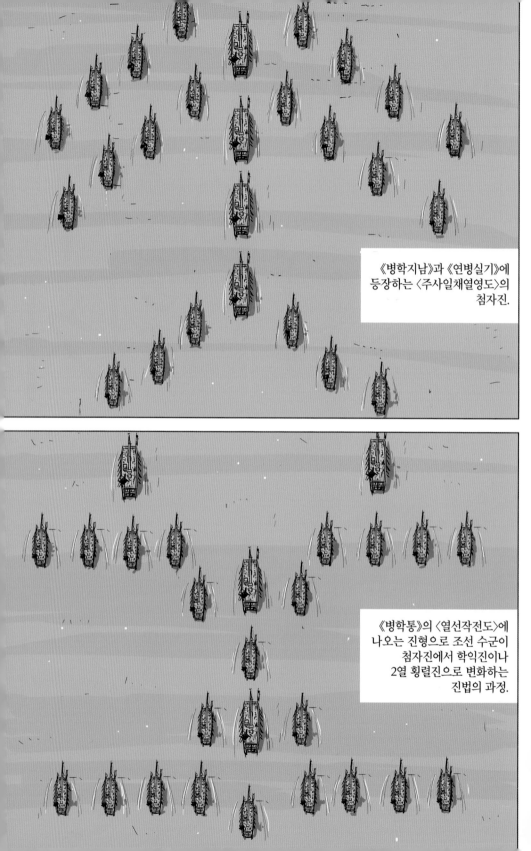

《병학지남》과 《연병실기》에
등장하는 〈주사일채열영도〉의
첨자진.

《병학통》의 〈열선작전도〉에
나오는 진형으로 조선 수군이
첨자진에서 학익진이나
2열 횡렬진으로 변화하는
진법의 과정.

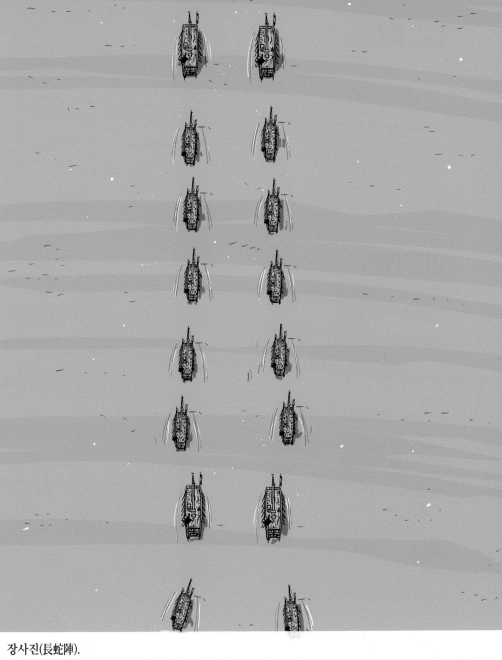

장사진(長蛇陣).

《손자병법》의 〈구지편〉에 상산(常山)에 사는 솔연이라는 뱀을 군대에 비유한 데서 기원한다. 손자는 일사불란하고 대응이 잘되는 군대를 이야기한 것이지 진법을 설명한 것은 아니었다. 뱀처럼 일자로 늘어서 만드는 진으로, 앞, 뒤, 가운데가 공격받을 때 뱀의 움직임처럼 유동적으로 변화시키며 보완, 대응한다. 일자진, 학익진과 방향이 다를 뿐 큰 틀은 대동소이하다. 본디 육지전에서 사용되는 진법이므로, 배로는 육지에서처럼 빠른 변화가 어렵기에 기본 형태에서 차이가 있다. 조선, 명, 일본 모두 《기효신서》 이전에 병서에서 해전 전용 진법을 따로 언급한 기록은 찾기 힘들다고 한다. 이순신 휘하 전라 수군이 마침내 출정했다.

〈2권에서 계속〉

궁극의
전쟁사 戰

임진왜란
바다전쟁 1
이순신과 작은 거인들

1판 1쇄 인쇄 2023년 12월 22일
1판 1쇄 발행 2024년 1월 10일

글·그림 성주삼
펴낸이 김영곤
펴낸곳 ㈜북이십일 레드리버

콘텐츠개발본부 이사 정지은
웹콘텐츠팀 팀장 배성원
책임편집 유현기
외주편집 최준석편집
디자인 (주)디자인 프린웍스
출판마케팅영업본부장 한충희
마케팅1팀 남정한 한경화 김신우 강효원
출판영업팀 최명열 김다운 김도연
제작팀 이영민 권경민

출판등록 2000년 5월 6일 제406-2003-061호
주소 (우10881) 경기도 파주시 회동길 201(문발동)
대표전화 031-955-2100 **이메일** book21@book21.co.kr
내용문의 031-955-2403

이 책은 한국만화영상진흥원 [2022 다양성만화 제작 지원사업]에서 지원받아 제작되었음.
ⓒ 성주삼, 2024

ISBN 979-11-7117-340-2 04910